CRÍTICA ECOLÓGICA DO PENSAMENTO ECONÔMICO

José Lutzenberger

CRÍTICA ECOLÓGICA DO PENSAMENTO ECONÔMICO

Texto de acordo com a nova ortografia.

A primeira edição deste livro foi publicada em 2009 pela Mais Que Nada Administração Cultural sob o título de *Garimpo ou gestão: crítica ecológica ao pensamento econômico.*

Organização e coordenação editorial: Lilian Dreyer
Capa: Marco Cena
Revisão: Caren Capaverde e L&PM Editores

CIP-Brasil. Catalogação na fonte
Sindicato Nacional dos Editores de livros, RJ

L992c

Lutzenberger, José A. (José Antonio), 1926-2002.
 Crítica ecológica do pensamento econômico / José Lutzenberger. – Porto Alegre, RS: L&PM, 2012.
 184p. : il. ; 21 cm

 ISBN 978-85-254-2731-1

 1. Ecologia - Aspectos econômicos. 2. Sustentabilidade. 3. Meio ambiente. 4. Proteção ambiental. 5. Preservação ambiental. I. Título.

12-6076. CDD: 577
  CDU: 502.1

© Lilly e Lara Lutzenberger e Lilian Dreyer, 2012

Todos os direitos desta edição reservados a L&PM Editores
Rua Comendador Coruja, 314, loja 9 – Floresta – 90220-180
Porto Alegre – RS – Brasil / Fone: 51.3225.5777 – Fax: 51.3221.5380

Pedidos & Depto. comercial: vendas@lpm.com.br
Fale conosco: info@lpm.com.br
www.lpm.com.br

Impresso no Brasil
Primavera de 2012

AGRADECIMENTOS A

Augusto Carneiro, Lilly Lutzenberger, Lara Lutzenberger, Pedro Maia, Lúcio Brusch, Washington Novaes.

Sumário

Apresentação (por Lilian Dreyer) 9

Introdução 15

Capítulo I – Crítica política da tecnologia 21

Capítulo II – Crítica ecológica do pensamento econômico
              predominante 67

Capítulo III – Crítica ecológica do modelo desenvolvimentista 95

Capítulo IV – Convívio sustentável 125

Capítulo V – Um novo paradigma – considerações filosóficas 151

Conclusão – Temos ou não futuro? 163

Posfácio (por Washington Novaes) 173

APRESENTAÇÃO

*Lilian Dreyer**

"Este livro é resultado da minha passagem pelo governo Collor", dizia José Lutzenberger, na introdução original desta obra, que permaneceria por dez anos em estado de feitura e fermentação. Ocasionalmente o ecologista enviava um ou outro capítulo a alguns (raros) colaboradores. Mas por mais que se insistisse em que ele desse o trabalho por encerrado e o liberasse para publicação, retardou sempre o momento de fazê-lo. Por quê?

O livro é uma síntese das ideias e da visão de mundo que Lutzenberger amadureceu e defendeu desde que retornou ao Brasil para dedicar-se à luta pela preservação ambiental, depois de abandonar a Europa e o cargo de chefia em uma empresa multinacional do ramo da química. Bem no início da década de 70, quando o movimento ecológico recém se instituía no mundo e o questionamento dos modelos de produção e consumo adotados após a Segunda Guerra era tido como coisa de *outsiders* meio pirados, Lutzenberger começou a pronunciar um discurso que, basicamente, nunca se alterou. Uma ética antropocêntrica, dizia ele, estava na base de um modelo de progresso insustentável, que faria o apocalipse abater-se sobre a humanidade em curto espaço de tempo, caso não houvesse um redirecionamento imediato.

O esgotamento de recursos insubstituíveis, como a água, e alterações perigosas no equilíbrio do clima da Terra são previsões antigas. Lutzenberger e um punhado de outros visionários ao redor do mundo começaram a dispará-las já faz quase quarenta anos. Embora eles gritassem, era difícil ouvi-los, a máquina do progresso tornara-se excepcionalmente ruidosa. Todas as economias que desejavam ser modernas estavam ocupadas com a tarefa de "fazer o bolo

---

* Lilian Dreyer é jornalista e escritora.

crescer" e, no caso brasileiro, crescer para *depois* dividir, insuflando nas populações a eufórica expectativa do bem-estar batendo à porta de todos. Nesse contexto, predizer que *dividir*, se fosse levado em conta o conjunto da humanidade, era uma promessa impossível de ser cumprida, que na realidade em termos planetários já começava a desenhar-se o oposto disso – desigualdade social massiva e galopante –, soava menos que herético, soava apenas... deslocado, aborrecido, um tanto estúpido.

Falar em violência e ruptura social como sintomas da inadequação ecológica da espécie humana mesmo hoje não é um discurso facilmente compreendido. Nem mesmo por aqueles que, por estarem se propondo a liderar e governar populações, deveriam estar mais sintonizados com os sinais dos tempos. Nas campanhas eleitorais no Brasil, país detentor, talvez, da mais rica (e valiosa) biodiversidade da Terra, o tema ecologia está quase que ausente. Na campanha presidencial de 2006, os candidatos majoritários praticamente ignoraram o assunto (e a imprensa também). Quando a Natureza aparece nos discursos oficiais, ou é como poesia pueril ou é como empecilho, entrave, problema.

Isso explica porque Lutzenberger começou a escrever este livro quando, em um ato de "extremo autossacrifício", segundo suas palavras, aceitou o posto de Secretário Especial do Meio Ambiente, diretamente subordinado ao gabinete da Presidência da República, em março de 1990 – início da breve e impactante era Collor de Mello. Lutzenberger foi seduzido pela promessa, que ele mesmo arrancou do novo presidente, de dar feição revolucionária à condução da vida material da Nação, subordinando-a a uma visão ecológica – proposta audaciosa, mas bem coerente com aquele momento mundial, pós-distensão nuclear e pré-Eco-Rio-92. Para que tal coisa tivesse chance de começar a acontecer, era indispensável que a população e os administradores públicos compreendessem os postulados e tivessem condições de refletir sobre os caminhos que viriam a ser propostos.

Lutzenberger lançou-se, portanto, ao livro. Como a estrutura e as questões-chave estavam há muito claras em sua cabeça, até mesmo já expressas em inúmeros discursos e artigos para a imprensa, precisou de pouco tempo (considerando a alta carga de compromissos em sua agenda, no Brasil e no exterior) para redigir o que seria o cerne do livro. Mas então o decorrer dos fatos o atropelou. Lutzenberger não entendia e não queria entender de política partidária, o que o conduziu ao seu primeiro erro de avaliação. O governo que acabara de se instalar, embora tivesse recebido um inquestionável aval das urnas, não teria força, força de várias ordens, inclusive de ordem política, para levar adiante uma proposta tão revolucionária – por mais que fosse necessária. À parte disso, havia o sistema de crenças da própria sociedade, durante dezenas de anos cultivado para desejar industrialismo, consumo e crescimento econômico. Incluir a Natureza nos projetos de futuro, e incluí-la de forma decidida, ainda que em um processo de passagem gradual, era algo que não se coadunava com o que muita gente influente considera *falar sério*. Às vésperas da Eco-92, a grande conferência mundial sobre meio ambiente do Rio de Janeiro, Lutzenberger deu-se conta, de forma traumática, do que não percebera no início: a empreitada era prematura. Ecologizar a administração do Brasil era, naquele momento, impossível.

Os que eram próximos a Lutzenberger naquele tempo têm dificuldade em discernir o que foi para ele mais difícil: aceitar o desafio ou desistir dele. Mas começou ali um estado de decepção e debilidade física que o levou a recolher-se, sem que isso significasse que conseguiria tranquilidade para dar por concluído o livro que havia escrito. Lutz, como era mais conhecido, era perfeccionista em relação a seus textos, escrevia e reescrevia, elaborava e reelaborava suas metáforas e, a todas essas, incorporava e assimilava uma quase inacreditável carga de informação nova. Fora o resto, lia dezenas de publicações científicas e semanários do mundo todo, em português, inglês, espanhol, alemão e francês. Mas não foi o perfeccionismo que o travou, tampouco as incertezas graves com relação ao conteúdo, elaborado ao longo de décadas. Afinal, ele começara a proclamar que o local e o descentralizado são eficazes pouco depois que o economista Ernst Schumacher, em 1973, escreveu que o pequeno é bonito. Ele emitiu conceitos sobre a chamada ecologia profunda antes que essa expressão fosse cunhada. Ele sempre buscou, entendeu e falou sobre conexões ocultas, não sendo à toa que, em 1993, Fritjof Capra tenha tomado a iniciativa de conhecê-lo pessoalmente. Lutzenberger compartilhou discurso e prática com pensadores da chamada economia ecológica, como Herman Daly,

Ross Jackson, Amory Lovins e Hazel Handerson, influenciando-os e sendo por eles também alimentado. De todo modo, durante uma década seu livro esteve praticamente pronto, era só liberá-lo para publicação... mas ele não o fez.

Liberá-lo agora, em 2009, só foi possível após um trabalho de recaptura, checagem e confrontação. Havia partes impressas, havia os arquivos registrados em ultrapassados disquetes, havia diferentes versões de alguns temas. A familiaridade prévia com seus escritos e seu estilo facilitou-me o trabalho de edição, mas talvez eu precisasse passar antes, como passei, pela história de vida dele, pela composição de sua biografia, para animar-me a publicar postumamente seu último livro – que, por coincidência, acabou ficando pronto para publicação exatamente quando um (atrasado) alerta científico sobre desequilíbrio climático assustou o mundo e tornou os cidadãos planetários mais conscientes de que são isso mesmo, planetários, e mais receptivos às grandes mudanças que a humanidade terá de empreender.

Ao recompor a trajetória de José Lutzenberger para escrever sua biografia, frequentemente me vinha a impressão de que os fatos na vida dele haviam convergido com muita pontualidade e precisão para levá-lo a um determinado rumo. Dele pode-se dizer que cumpriu o mandato preconizado por Nietzsche: "torna-te quem tu és". Ele receberia uma afirmação como essa com seu peculiar sorriso enviesado, um que ele usava quando queria manter-se respeitoso apesar de achar que o interlocutor estava dizendo bobagem. Mas, embora sua mente racional tivesse dificuldade de lidar com dados vindos da intuição, o fato é que ele tinha um lado intuitivo bastante aguçado, como devem ter todos os que se dedicam à Ciência. Assim, arrisco dizer que, quem sabe, a publicação de seu último livro tenha se adiado porque seriam precisos pelo menos mais quinze anos, desde o momento em que o autor finalizou a primeira redação, para que suas proposições encontrassem a compreensão pública que ele tanto perseguiu – e Lutzenberger sempre escreveu buscando, mais que tudo, a compreensão do cidadão comum.

Sendo essa percepção verdadeira ou não, pareceu-nos um perfeito arredondamento que Washington Novaes feche esta obra. Novaes, com quem o ecologista manteve um vínculo de admiração e respeito mútuos, tem uma trajetória excepcional no jornalismo ambiental brasileiro. Aceitou a tarefa de escrever um capítulo final para este livro no momento em que, também quinze anos depois, voltava a incursionar pelas aldeias indígenas do rio Xingu, para fixar em documentário para a televisão as pegadas que a passagem do nosso modelo de progresso imprimiu naquele ambiente e naquelas culturas. Novaes, de certa forma, atualiza Lutzenberger, ao debruçar-se com dados de hoje sobre a recorrente ausência de estratégia oficial do Brasil com relação à sua excepcional biodiversidade.

Não só governantes como também boa parte das mentes pensantes brasileiras ainda se referem à Natureza como um empecilho ao progresso. Quem alguma vez compreendeu ou vier a compreender Lutzenberger dirá (com convicção) que a Natureza não pode ser empecilho, pois mesmo quando nos apresenta um problema, ela é, acima de tudo, a própria solução.

2009

Introdução

Para muitos, a palavra *garimpo** evocará apenas uma imagem como a de Serra Pelada. Triste imagem que correu o mundo: um imenso buraco, lembrando descomunal formigueiro, mas onde as formigas são figuras humanas, escalando barrancos e subindo escadas de madeira com pesados sacos de minério nas costas – tudo em tons de cinza, marrom e preto, homens cobertos de lama parda da cabeça aos pés. Um quadro que lembra mais escravaturas da antiguidade do que fenômeno atual.

Com a contraposição "Garimpo ou Gestão" queremos deixar claro o contraste entre o que estamos fazendo e o que *deveríamos* estar fazendo – no Brasil, esse país outrora tão fantástico, ainda hoje tão fantástico, mas agora tão agredido, e também no planeta como um todo, dominado pela moderna Cultura Industrial Global.

O garimpo é o protótipo da rapina, do saque indiscriminado e cego, sem qualquer forma de respeito. O garimpeiro vai a lugar que não conhece, em busca de riqueza fácil ou rápida. Lá chegando, derruba, demole, aplasta o que considera empecilho, não se importa se emporcalhar tudo quanto não lhe atenda o objetivo. Ele não tem a mínima intenção de fincar raízes, não desenvolve nenhuma compreensão ou simpatia, muito menos amor pelo lugar, por sua natureza, sua gente. Não desenvolve sequer comunidade coerente com seus próprios companheiros de saque, tudo é provisório, inclusive as moradias, quando merecem esse nome. Explora, leva tudo o que pode. Quando a exploração se torna difícil ou a jazida se esgota, vai embora, deixando atrás de si um lugar devastado e rios envenenados. Com exceção de alguns poucos que enriquecem desmedidamente – os donos do garimpo, os pilotos, às vezes as

---
* A primeira edição dste livro foi publicada sob o título de *Garimpo ou gestão: crítica ecológica ao pensamento econômico*, em 2009, pela Mais Que Nada Administração Cultural. (N.E.)

prostitutas –, a grande maioria dos garimpeiros, quando consegue sobreviver a doenças, assassinatos e brigas, sai do garimpo mais pobre do que chegou. O garimpeiro continua sempre vítima. Está no garimpo porque perdeu seu passado, foi marginalizado em sua terra de origem.

Esse quadro reproduz quase à perfeição nossa realidade nacional e global. De um lado, pequenos grupos e camadas da população sempre mais ricos, às custas da exploração desenfreada da Natureza e dos menos privilegiados. Do outro, imensas massas sempre mais pobres, desenraizadas, marginalizadas.

A moderna sociedade industrial, pelo modo como hoje se comporta, está transformando o mundo em um imenso garimpo. O chamado primeiro mundo, aliado às classes dominantes e abastadas do terceiro mundo, vive um estilo de vida hedonístico, de consumo descomedido, apoiado em colossal e irreversível esbanjamento de recursos finitos. Enquanto durar essa orgia, a outra parte da humanidade, a maioria, forçosamente terá que tornar-se sempre mais pobre, pois a exploração sem limites em toda a parte destrói habitats, estilos e meios de vida.

Mas o primeiro mundo professa a doutrina de que o assim chamado "estilo de vida desenvolvido" poderá e deverá estender-se a todos os cidadãos do planeta. Basta "desenvolver" todos os países. Daí que essa doutrina divide o mundo em "países desenvolvidos", "em desenvolvimento" e "menos desenvolvidos". O sentido que se dá à palavra "desenvolvido" é tão elogioso que o seu antônimo, "subdesenvolvido", não deve ser usado em documentos oficiais – por mera questão de cortesia...

Entretanto, quem tem um mínimo e rudimentar conhecimento de ecologia sabe que o estilo de vida consumista é insustentável até para a minoria que hoje pode praticá-lo. Sua extensão a todos os cidadãos do mundo só apressaria o desastre. Por isso já está na boca de todos, cidadãos, tecnocratas, burocratas, políticos e governantes, a expressão "desenvolvimento sustentável". Para a maioria não passa de *slogan*. Poucos, muito poucos, conseguem vislumbrar o que realmente significam as mudanças fundamentais e radicais necessárias em nosso estilo de vida e de administração pública, de tecnologia e infraestrutura tecnoburocrática, de filosofia de vida, de cosmovisão, se quisermos superar a atual situação insustentável.

Como sinônimo de desenvolvimento sustentável, mesmo em relatórios como o Relatório Brundtland (que está na base da Rio 92, a grande conferência mundial da ONU sobre o meio ambiente), ainda aparece o termo "crescimento sustentável". Mas isso é uma contradição em termos. Crescimento, como definido pelos atuais economistas, administradores públicos ou empresários, é um processo quantitativo exponencial. Esse tipo de processo não pode ser sustentável. Na Natureza, processos desse tipo são sempre muito limitados no tempo, acabam dando lugar a comportamento estável, autorregulado, homeostático – ou terminam em colapso.

Um bebê recém-nascido, são e bem-nutrido, duplica seu peso nos primeiros três meses de vida. Entretanto, se continuasse nessa progressão, digamos, até os setenta anos, isso significaria duzentas e oitenta duplicações. Sua massa estaria, então, umas trinta ordens de magnitude maior que o universo conhecido. Façamos a conta em uma calculadora científica: 2 elevado à potência 280 e multiplicado por 3. Uma extrapolação absurda! Por isso, o crescimento do bebê desacelera logo, para cessar completamente por volta dos vinte anos. Dali até o fim da vida o corpo é um sistema extremamente dinâmico, porém estável. Não confundir com estático.

Mesmo taxas de crescimento menores, por significarem sempre duplicação em espaços iguais de tempo – como, por exemplo, 7% ao ano significa duplicação a cada dez anos; 10% ao ano significa duplicação a cada sete anos –, levam rapidamente a aumentos desmesurados, insustentáveis, inatingíveis. Se a economia de um país conseguisse crescer 7% ao ano durante cinquenta anos, ela então estaria multiplicada por 30. Se pudesse crescer a esta taxa durante cem anos, ficaria 870 vezes maior. Impensável, portanto, uma economia como, por exemplo, a alemã de hoje, em seu limitado território, continuar crescendo, a taxas de apenas 2 ou 3%. Mesmo o Brasil, com seu imenso território, chegaria rapidamente a limites absolutos de devastação. Impossível imaginar-se a atual devastação multiplicada por 20, 30, 50... Multiplicada apenas por dez, a devastação da Amazônia não deixaria em pé uma só árvore.

É difícil compreender como gente inteligente, instruída e poderosa pode ainda acreditar piamente no dogma básico do atual pensamento econômico, um dogma que postula que uma economia só é sã se não parar de crescer. E protestam furiosamente quando confrontados com argumentos contrários, como se não soubessem fazer simples contas exponenciais.

No mundo vivo, quando um crescimento quantitativo vai longe demais, acaba sempre, inevitavelmente, em colapso. Uma colônia de pulgões instalada em um tomateiro inicialmente prospera: 2, 4, 8, 16... 1.000, 2.000... Chega o momento em que o tomateiro não aguenta mais, murcha e morre. O pulgão morre junto. Muito parecida é a atual situação da humanidade. É pior. Não somente aumentamos em números, a um ritmo que significa duplicação a cada 35 anos – seríamos então 20 bilhões no ano 2062, quando uma criança que nasce hoje atingir 70 anos de idade, como também queremos consumir sempre mais. Uma dupla exponencial. Mas se há algo que é certo é que no ano 2062 não seremos 20 bilhões, com um PIB mundial multiplicado por dois (supondo que o "crescimento econômico" seja de "apenas" 2% ao ano). Muito antes teremos sido alcançados pelo destino do pulgão. Os processos vitais do planeta não têm como aguentar. Se quisermos poupar nossos filhos e netos das indescritíveis calamidades que isso representa, temos que começar a agir já.

Um desenvolvimento sustentável é possível se for qualitativo, não quantitativo.

Quantitativamente já fomos longe demais. Em muitos aspectos teremos que diminuir drasticamente. Nossas possibilidades estão no desenvolvimento qualitativo. A evolução orgânica da qual surgimos, inserida na evolução geológica do planeta, é um desenvolvimento sustentável que já se desenrola durante uns quatro bilhões de anos. E que poderá continuar por outros tantos – se nossa atual voracidade não o avariar demais.

Desde o oceano primordial, com sua evolução apenas bioquímica, depois bacteriana, até o atual fausto do cortejo de vida na floresta tropical úmida, a majestade da fauna da savana africana, a delicadeza da vida na tundra gelada ou nos frígidos flancos do Kilimanjaro e do pico Bolívar, o carnaval multicolor nos recifes de corais nas Caraíbas ou no grande recife da Austrália, a fragilidade e esquisita adaptação com complexos florísticos do Pico da Neblina, sem falar dos fabulosos contrastes vitais – cerrado/banhado – no Pantanal e as fascinantes formas e comportamentos de resistência da vida xerófila nos desertos, do Arizona ao Saara, do Gobi aos Altiplanos Andinos, assim como um sem-número de sistemas vivos de indescritível encanto, beleza e preciosidade – *tudo isso é resultado de um desenvolvimento sustentável*. Nesse desenvolvimento, o incremento foi sempre qualitativo, do mais simples, mais primitivo, ao mais complexo, mais sofisticado, mais harmônico, mais autorregulado, mais inteligente, mais globalmente integrado. Houve, sim, aumento numérico, mas não em massa bruta: em número de espécies, de formas, comportamentos, de complexidade bioquímica e neurônica.

Esse maravilhoso processo evolutivo transformou nosso planeta como um todo em um sistema vivo integrado, autorregulado, homeostático. Seus processos vitais só funcionam em condições ambientais muito especiais, inexistentes nos demais planetas de nosso sistema solar, tais como salinidade certa nos oceanos, acidez e potencial *redox* certo na água, solo e ar, mistura adequada de gases na atmosfera e, sobretudo, âmbito certo de temperaturas, para que a água possa existir concomitantemente em seus três estados físicos (líquido, gasoso e sólido), sem o que o grande processo vital não poderia reciclar seus recursos e se acabaria logo. Mas o âmbito certo de temperaturas é essencial também para que funcione a complicada bioquímica do carbono, com suas proteínas, enzimas, ácidos nucleicos, graxas, amidos, açúcares e celuloses.

A vida também se acabaria logo se ela fosse um simples passageiro nesta "nave espacial", como dizem alguns. A evolução meramente geológica teria nos levado a uma situação muito parecida com a de Vênus, onde um efeito estufa descontrolado fez com que se evaporassem os oceanos, a temperatura ambiente subisse para além de 400 graus e o todo se aproximasse de um equilíbrio químico estático.

A Vida na Terra evitou esse destino. Ela soube manipular as condições ambientais a seu favor, mantendo-as constantes. O relacionamento Vida-Planeta não é uma relação nave-passageiro, é a integridade de um só organismo. Vejamos uma metáfora mais adequada: meus órgãos, fígado, coração, pulmão, cérebro, não são meus passageiros. Meu corpo é um só. Na Terra tudo o que é vida é parte integrante do Planeta Vivo – Gaia. Nossa espécie, inclusive.

Nossa atual civilização industrial, uma cultura que se apressa em tornar-se totalmente global, desconhece esse fato. Ela pensa como aquele tecnocrata brasileiro que, em CPI na Assembleia do Estado de Santa Catarina, orgulhoso do poético da frase, disse: "temos que consumir natureza para fazer riqueza". Por assim pensar e agir, encontramo-nos no atual descalabro ecológico e social. Mas essa situação não é uma inevitabilidade antropológica. É cultural, religiosa mesmo. Historicamente, em termos da totalidade da história de nossa espécie, o que abarca pelo menos uns dois milhões de anos, é extremamente recente e atípica.

Esse mesmo processo evolutivo sustentável deu-nos o que ele de mais sofisticado até agora produziu – o nosso cérebro, um computador muito peculiar, capaz de contemplar conscientemente, consciente até de si mesmo, o grande milagre do Universo. Já está elucidando parte da lógica da Sinfonia da Vida, mostrando-nos onde estamos em descompasso.

A biosfera, sem desrespeitar as leis da física e da química, inseriu-se em hidrosfera, atmosfera e litosfera. Complementou com novo nível de complexidade e acabou guiando o sistema. Assim surgiu Gaia, o planeta vivo. Se a moderna tecnosfera aprender a comportar-se dentro da lógica do sistema, poderemos ter uma nova transcendência, ainda mais estupenda. Gaia poderá tornar-se consciente. De tumor canceroso em Gaia, passaremos a ser seu cérebro.

Ainda recentemente um "pesquisador" da Embrapa propunha melhor aproveitamento do Cerrado, que ele considerava "subaproveitado", e todas as formas de aproveitamento sugeridas – lavoura, pecuária, florestamento – significam eliminação do ecossistema Cerrado. Isso ilustra um comportamento-padrão: ainda nos comportamos como garotos fascinados com sua destreza mecânica. Confrontados com um grande computador de última geração, o desmantelamos com machado, alicate, serra e chave de fenda. Depois, com as chapas, fios e plásticos, passamos a fazer modelos de avião... É isso, uma infantilidade, o que estamos fazendo com a Amazônia e com todos os ecossistemas do mundo.

Em vez de continuar desmantelando o computador, devemos aprender a operá-lo. A comandá-lo.

Se, com reverência e conhecimento, penetrarmos a lógica do sistema, quem sabe as alturas que serão atingíveis?

Capítulo I

Crítica política da tecnologia

No auge do feudalismo medieval, o senhor feudal mandava dizer ao camponês: "me dá tantos por cento" (em geral mais de 50) "de tua colheita, ou mando cortar tua cabeça". Ele também postava soldados nas pontes e estradas, para cobrar pedágio.
Hoje as coisas são bem mais complexas. Mais sutis e mais insidiosas. Mandar cortar cabeças nem seria econômico.
A parcela maior do poder pertence hoje à tecnocracia, um poder bem mais difuso, muitas vezes anônimo, com grandes e pequenos centros e com ideologia própria. Mas essa ideologia é igualmente difusa. Ao contrário do que ocorria com as ideologias tradicionais, políticas ou religiosas, raras vezes ela é expressa de forma explícita. Pelo menos nunca em sua totalidade. O que aparece é apresentado não como ideologia, mas como sendo senso comum. Dificilmente as pessoas se dão conta dos dogmas embutidos no discurso.
O ideal da tecnocracia – e isto não necessariamente ocorre de maneira consciente, mas é o que ocorre de fato – é envolver-nos a todos em infraestruturas tecnoburocráticas das quais não há como escapar. Ela nos quer dependentes, trabalhando para ela e dela recebendo tudo o que necessitamos: comida, roupa, objetos de uso, medicamentos, educação, serviços, diversão, instrumentos de trabalho, tudo. A pessoa ou comunidade autárquica, autossuficiente, como eram o antigo camponês, o artesão, o índio, é indesejável. É combatida ou desmoralizada.
Vivemos uma nova forma de feudalismo. A dominação não mais se faz com a arma branca, mas por imensas infraestruturas tecnoburocráticas.

Vejamos o que aconteceu com o camponês.

É comum ouvir-se o argumento de que a agricultura moderna é incrivelmente eficiente. Em países como os Estados Unidos ou a Alemanha, a França e outras nações do chamado "primeiro mundo", um a três por cento da população consegue alimentar toda a população – e ainda sobra para exportação. Enquanto que em uma cultura camponesa, como eram as da Europa ou da Ásia no início do século XX, entre 40 e 60% da população se ocupava com o trabalho no campo – e às vezes havia fome.

À primeira vista, argumento irrefutável, a agricultura moderna é mais eficiente. Mas essa comparação é uma falácia, porque está incompleta.

As culturas camponesas tradicionais, em termos sistêmicos, eram todo um esquema de produção e distribuição de alimentos autárquico, autossuficiente. O camponês produzia seus próprios insumos: adubos, energia, forragem, semente. Às vezes construía sua própria casa e seus estábulos, e o artesão da aldeia fazia os veículos e os utensílios. Até mesmo o moinho era construído na aldeia. O agricultor entregava os alimentos praticamente na mão do consumidor, na feira semanal.

Já o agricultor canadense de hoje ou o plantador de soja do Rio Grande do Sul, na realidade, quase não passam de tratoristas. Eles são totalmente dependentes de uma imensa e difusa infraestrutura tecnoburocrática. Dependem de fábricas de adubos e agrotóxicos, sem falar nos plásticos e outros materiais da indústria química. Dependem de petróleo, quase sempre oriundo de ultramar. De energia elétrica, tratores, máquinas, minerais, siderurgias. Até as sementes o agricultor hoje compra de grandes empresas, já em sua maioria controladas pela indústria química, e existe a tendência de se proibir todo uso de semente própria. Mesmo o alimento que vai para a sua própria mesa, a maioria dos agricultores já compra no supermercado – embalado, "beneficiado", pré-cozido. Uma imensa indústria de elaboração, embalagem e transporte leva os alimentos do agricultor ao consumidor. Além disso, o agricultor e todas essas indústrias dependem de enorme esquema bancário, de pesquisa agrícola, de extensão agrícola. A indústria que mexe com alimentos também utiliza maquinaria cada vez mais sofisticada e embalagens sempre mais complexas.

Ou seja, o agricultor moderno é uma peça minúscula em uma imensa estrutura técnica, burocrática, financeira, administrativa e legislativa, que começa nos campos de petróleo, atravessa a indústria química e a indústria de máquinas, passa pelos bancos, pela manipulação industrial de alimentos, chega até os supermercados e centros comerciais, alcança universidades, pesquisa e extensão agrícola, promove uma gigantesca movimentação de transportes, social e ecologicamente perniciosa, e mais uma desenfreada indústria de embalagens, que a cada dia torna mais intratável o problema do lixo.

Tudo isso deve ser incluído na conta da comparação entre a agricultura tradicional e a agricultura industrial. Para uma comparação real, teríamos de somar todas as horas de trabalho em todos esses esquemas, quando estão direta ou indiretamente ligados à produção e distribuição de alimentos. Quando o economista moderno se vê confrontado com a fábrica de tratores e combinadas, ele diz que isso é indústria de máquinas, mas isso *é* agricultura. A pessoa que passa o dia diante do computador mexendo com apólices de crédito agrícola pode nunca ter visto uma lavoura, mas ela está no ramo de produção e distribuição de alimentos.

Como o esquema descrito é em sua totalidade transnacional, claro que a agricultura moderna tem que exportar para pagar a parte dos insumos que vêm de fora. Se a Holanda, com seu minúsculo território superpovoado, exporta carne, ovos, laticínios e flores, é porque importa ração, adubos, energia.

Na realidade, em grande parte, as vacas da Holanda pastam os solos do Rio Grande do Sul.

Se fizermos a conta completa, somarmos em uma contabilidade econômica moderna todas as horas de trabalho que têm a ver direta ou indiretamente com produção, elaboração, transporte e distribuição de alimentos, facilmente chegaremos também a cerca de 40% da população – ou mais – ocupada em prover alimento. E essa conta deve incluir até parte das horas de trabalho de quem nada tem a ver com agricultura, mas que contribui com seus impostos para os subsídios – *sem os quais a agricultura moderna simplesmente não funciona*. O esquema só funciona com subsídios altíssimos, sempre mais subsídios, em todos os níveis, desde a produção no campo até a destruição de alimentos produzidos em excesso. Isto é, há um excesso de alimentos em uma parte do mundo, porque em outras partes fração cada vez maior da humanidade sofre com a falta de alimentos. Há privação nas favelas e fome no campo.

No contexto global, o custo social e ecológico desse esquema é incalculável. E é também insustentável.

Aquilo que fazia o camponês tradicional, entretanto, era sustentável. E, com os conhecimentos e instrumentos que hoje temos, pode ser imensamente melhorado.

Grande parte da devastação da Amazônia, como no caso do Projeto Polonoroeste ou dos estragos causados pelos garimpeiros, deve--se à marginalização de milhões de brasileiros, de diferentes regiões, em consequência da política agrícola praticada ao longo de décadas, em acomodação à política agrícola do Mercado Comum Europeu e aos métodos agrícolas dos latifundiários brasileiros. Se a África se prepara hoje para calamidades indescritíveis é porque o chamado "desenvolvimento" está destruindo todas as estruturas sociais estáveis, está levando à perda de sabedoria milenar para atender determinados interesses imediatistas.

Por que é insustentável a agricultura moderna? Porque ela vai contra as leis dos sistemas vivos.

A agricultura tradicional, com sua infinidade de adaptações culturais e ecológicas, estava perfeitamente inserida nas leis dos sistemas vivos. Ela operava dentro dos grandes e pequenos ciclos da Ecosfera. Os nutrientes eram reciclados, a energia era obtida localmente. Os campos eram adubados com esterco e resíduos orgânicos, ou com adubação verde. A energia dos animais de tração provinha da forragem e do pasto – energia solar, portanto. Os moinhos eram tocados a água ou vento, a lenha vinha do bosque local. Um esquema que podia continuar andando para sempre. As culturas camponesas europeias duraram dois mil anos. A chinesa, três mil. Só foram desbaratadas pela agroquímica moderna e pela chamada Revolução Verde.*

---

* O projeto de quimificar a agricultura foi originalmente criado pela norte-americana Fundação Rockfeller (no pós-Segunda Guerra) e recebeu um nome que nunca parou de confundir os incautos – Revolução Verde, que muita gente desavisada pensava ser algum tipo de campanha para recuperar a Natureza (conforme texto original publicado em *Sinfonia inacabada – a vida de José Lutzenberger*, Vidicom Edições, 2004). (N.E.)

A agricultura moderna trabalha com ciclos abertos e com recursos não renováveis. Os adubos vêm de minas que se esgotam, como é o caso dos fosfatos. Minas que, frequentemente, estão em outros continentes, obrigando ao transporte por mar de milhões de toneladas de materiais. Ou, como é o caso dos adubos nitrogenados, eles são produzidos com enorme consumo de energia – petróleo, gás natural, carvão mineral ou turfa, energia elétrica. Os venenos agrícolas, igualmente, vêm do petróleo ou do carvão, e pressupõem enormes complexos de indústria química.

A agricultura tradicional era sustentável. A moderna agroquímica não tem futuro.

Por que, então, todas essas complicações? Por que a pesquisa, a extensão agrícola e o ensino agrícola não foram direcionados no sentido de uma agricultura mais ecológica e socialmente mais justa? Tentativas não faltaram. Grandes agrônomos e agricultores, como *sir* Albert Howard, Louis Bromfield e muitos outros, hoje esquecidos, tentaram, mas a força da indústria química, da indústria de maquinaria agrícola e dos bancos, dos latifundiários e dos políticos aproveitadores prevaleceu.

Os métodos da agricultura moderna estão bem alicerçados em um paradigma que cresceu e se fixou concomitantemente com a crescente influência da indústria na agricultura. Pessoalmente, tendo estudado agronomia na década de 40 e com os olhos de um naturalista que sempre mantém diálogo intensivo com a Natureza, pude observar e acompanhar perfeitamente essa evolução.

É preciso entender que em nenhum momento houve uma grande conspiração, com bandidos reunidos urdindo esquemas. A trama cresceu e se fixou evolutivamente, à medida que se fixaram certos interesses industriais. Vejamos um exemplo recente de fixação de interesses comerciais, e também outros mais antigos.

O milho híbrido foi desenvolvido por um geneticista abnegado, que descobriu que cruzando linhagens ultrapuras, resultado de autofecundação contínua de pelo menos oito gerações, obtinham-se plantas de excepcional vigor híbrido, de alta produtividade e uniformidade. As firmas produtoras e distribuidoras de sementes logo se deram conta de que plantas desse tipo, por razões genéticas que não vamos aqui explicitar, não mais podem ser reproduzidas pelo agricultor, que assim terá que comprar semente nova todos os anos. Excelente negócio para as empresas, negócio garantido para elas, e nova dependência para o agricultor. A indústria química também gostou. Essas linhagens são altamente exigentes em adubos comerciais concentrados, o que as torna muito suscetíveis a pragas e enfermidades. Ótimo para o grande negócio dos agrotóxicos. Procura-se agora colocar no mercado sempre mais linhagens híbridas, tanto de plantas como de animais.*

Até as galinhas dos campos de concentração de franguinhos e poedeiras, eufemisticamente chamados de "aviários", já não são mais raças, **são marcas registradas**. Já não há necessidade de proibir a reprodução por parte do criador, a título de proteção de direito intelectual. O criador não consegue mais reproduzir as aves. Ele tem que comprar sempre de novo da indústria. Entretanto, isso só é feito se o importador aceitar o acompanhamento de um técnico muito especial. No dia da eclosão dos ovos nas chocadeiras, a missão desse técnico é matar todas as fêmeas na linha-pai e todos os machos na linha-mãe... Nesse esquema, o próprio dono do grande matadouro é apenas rei. O imperador está em Nova York ou Amsterdã: é o dono das avós e dos avôs, o dono das marcas registradas.

Essa indústria não nasceu assim. Quando eu era criança, só conhecíamos o tipo de galinha que hoje é exceção, que passou a chamar-se de "galinha caipira". A primeira "granja moderna" de galinhas me foi mostrada em 1947, no Rio Grande do Sul. Durante a Segunda Guerra, o governo dos Estados Unidos, tendo subvencionado o plantio de grãos e não sabendo o que fazer com os excedentes que surgiram, encarregou escolas agrícolas de desenvolver "usos

---

* No início dos anos 80, Lutzenberger começou a acompanhar com grande preocupação o processo de concentração do controle dos bancos genéticos e das companhias produtoras de sementes, que a partir de meados da década de 90 passaram a pertencer a menos de dez agrupamentos de empresas – as mesmas que controlam também a indústria dos agrotóxicos e a indústria farmacêutica. O negócio das sementes evoluiu rapidamente dos processos de hibridação (troca de genes dentro de determinadas espécies animais ou vegetais) para a transgenia (troca de genes entre diferentes espécies, inclusive entre animais e vegetais). Um dos grandes "avanços" da transgenia foi a possibilidade de inserção do gene *Terminator* nas sementes comerciais. Esse gene, quando presente, inviabilizaria a obtenção de semente a partir da colheita anterior, ou seja, torna o agricultor totalmente dependente da indústria. (N.E.)

não humanos" para cereais. Inventaram o confinamento de galinhas alimentadas a puro grão. Daí até hoje a coisa evoluiu para a "ração cientificamente balanceada" e para a "integração vertical" das grandes e gigantescas empresas de abatedouros e formuladores de ração. Algumas delas abatem até mais de duzentos mil frangos por dia.

A "modernidade" dessas empresas pouco tem a ver com produção, mas muito com criação de dependência e dominação.

O "criador" recebe da empresa todos os insumos – ajuda financeira para a construção dos galpões, os pintinhos dos frangos e poedeiras, ração, remédios. Não consegue ter a mínima ingerência nos preços que paga, muito menos nos preços que recebe por seu produto – este, por contrato, só pode ser vendido à mesma empresa que forneceu os "insumos". Está proibido até de fazer sua própria ração, mesmo que seja agricultor e tenha abundância de grãos. Poderá, isto sim, vender seu milho à formuladora, para recomprá-lo na ração, com bom lucro para a formuladora. A margem do produto é tão estreita que, se o caminhão que vem buscar os frangos para o abate chegar com cinco dias de atraso, a ração adicional necessária consome todo o lucro. O criador não poderá nem fazer greve, pois perderia até o capital.

Nesse esquema, o produtor pode até ter a ilusão de ser empresário autônomo, mas de fato ele é operário, sem garantia de salário, sem direito a férias e sem previdência social. Todos os riscos – perda de tudo por doença, por exemplo, – estão do lado dele. Todas as vantagens – melhor preço no mercado mundial, por exemplo, – estão com a fábrica.

Longe de contribuir para a solução do problema da fome, os modernos métodos zootécnicos contribuem para agravar o problema da fome.

Uma vez, conversando com um "zootecnista" engajado nesse negócio, argumentei contra o uso dos antibióticos, às vezes sulfas, corantes, conservantes e outros tantos aditivos adicionados à ração. Ele respondeu: prefiro morrer de câncer aos sessenta do que de fome aos vinte. Um dilema totalmente falso.

Vejamos: nessas fábricas de frangos ou de ovos nada se produz. Só se transforma. A taxa de transformação nas operações mais eficientes não passa de 2,2. Quer dizer, entram 2,2 quilos de ração para que possa sair um quilo de peso vivo de frango. Se fizermos as necessárias correções, levando em conta que os grãos que entram são comida humana que pode ser consumida cem por cento por nós, enquanto que do frango não chegamos a comer a metade (não comemos as penas, os ossos, intestinos e conteúdo dos intestinos, e gente rica não come a cabeça, as garras, o pulmão) e que os grãos foram secados (com grande uso do insumo energia), são pelo menos 80% matéria seca, enquanto que a carne é 80% água. Chegamos a uma relação de fato de, aproximadamente, 18 por 1! Destruímos 18 unidades de alimento para fazer uma! No caso do engorde de gado com grãos, como se faz nos *feed lots* dos grandes matadouros de Chicago, a coisa é pelo menos cinco vezes pior.

Essas inacreditáveis ineficiências são aceitas porque as dependências criadas são do interesse das indústrias que delas vivem.

Em Manaus, devido à presença da Zona Franca, há fábricas de frangos e ovos que alimentam os animais com leite em pó do Mercado Comum Europeu...

No passado, os frangos que viviam soltos na propriedade do camponês se alimentavam de gafanhotos e outros insetos, de minhocas, esterco, grãos perdidos nos galpões e estábulos ou no campo; comiam os restos da cozinha. Nós, humanos, não comemos essas coisas. Comíamos indiretamente, pelo intermédio do frango e do ovo. Hoje temos que plantar lavouras para produzir a comida da galinha. Na região do município de Concórdia, no estado de Santa Catarina, pode-se ver a maciça destruição de solos por lavouras de milho plantadas em encostas íngremes, para ração.

Até esse esquema se instalar, havia também melhor distribuição de riqueza. Milhares de pequenos comerciantes, caminhoneiros e carroceiros compravam galinha no campo e vendiam na cidade. Gente realmente autônoma. Os métodos atuais, considerados modernos e falaciosamente produtivos, são uma das razões da marginalização que a cada dia aumenta no mundo.

Grande parte do que chamamos "modernidade" é exatamente a causa da miséria, alienação, desestruturação e fome que hoje se alastram.

Detalhe importante, os grandes matadouros são altamente poluidores. Recém começam, por pressão do público e dos órgãos de controle ambiental, a fazer estações de tratamento de efluentes e a reciclar resíduos sólidos. Quando, na minha infância, minha mãe matava um galo no jardim para a refeição dominical, a poluição era zero. O sangue penetrava no solo, estimulava nova vida; vísceras e ossos eram consumidos por nossos gatos e cachorros; as penas iam ao composto, melhoravam a qualidade do húmus. As soluções megatecnológicas são quase sempre agressivas e poluidoras, requerem investimentos adicionais para diminuir impacto adicional, ambiental e social.

Se com tanto detalhe me estendi nessa questão – e muito mais poderia apresentar –, é porque ela tão bem ilustra o que em ecologia entendemos por "tecnologia dura", em contraposição à "tecnologia branda" ou suave (*hard/soft technologies*). Essa distinção nada tem a ver com sofisticação ou simplicidade, nem com tamanho de empreendimento. Tem a ver com aspecto social e político e com impacto ambiental. Tecnologias brandas são tecnologias concebidas e executadas apenas para atender reais necessidades humanas, em harmonia com o mundo natural. Tecnologia dura é tecnologia concebida e imposta para atender interesses poderosos, interessa mais à concentração de poder, à criação de dependência, do que à real eficiência em termos de atendimento de necessidades.

Isso não significa que teríamos de retomar o passado, mas que poderíamos nos inspirar nos métodos do passado para gerar uma tecnologia nova – e branda.

Vejamos outro campo de tecnologias duras, essas de alta sofisticação.

Agrotóxicos e adubos químicos, ambos nasceram em grande parte de esforço bélico. Quando os alemães, durante a Primeira Guerra Mundial, pelo bloqueio naval dos aliados, se viram isolados do salitre do Chile, vital para a fabricação de explosivos, eles acharam uma saída. Montaram grandes fábricas de fixação de nitrogênio do ar, pelo processo Haber-Bosch. Terminada a guerra, havia grandes estoques e capacidade de produção. Passaram então a fabricar adubos nitrogenados e a promover maciçamente seu emprego na agricultura. Antes, o próprio salitre era usado em pequena escala, principalmente em cultivos muito especiais. A indústria dos adubos químicos, ampliada com os demais nutrientes e produzindo também adubos complexos, cresceu. Ajudou a montar, no governo, esquemas de extensão agrícola. Conquistou a agricultura.

Durante a Segunda Guerra Mundial, os alemães fabricaram, para serem usados como armas químicas, gases horrivelmente tóxicos, de compostos do ácido fosfórico. Felizmente não foram usados. Mas terminada a guerra, com grandes capacidades de produção e grandes estoques, chegou-se à conclusão de que o que mata gente também mata insetos. Fizeram novas formulações, que foram promovidas para uso na agricultura. Surgiram assim os inseticidas fosforados.

Já os americanos desenvolveram fitocidas (substâncias que matam plantas) para destruir as colheitas dos japoneses. A bomba atômica antecipou-se, os japoneses assinaram o armistício, retornou o navio que estava a caminho das Filipinas, com milhares de toneladas de produtos do grupo das substâncias 2,4-D e 2,4,5-T. Novas formulações então deram origem aos herbicidas. Imenso aparelho publicitário os lançou na agricultura. Mais tarde Kennedy, contrariando as advertências de assessores seus e de cientistas preocupados, mas por sugestão da indústria química, deu partida à prática de aplicar por avião, sobre lavouras e florestas vietnamitas, um fitocida total a base de 2,4,5-T (o agente laranja). Foram despejados sobre o Vietnã quase vinte milhões de litros desse fitocida. São amplamente conhecidos os terríveis estragos ecológicos e as calamidades humanas que isso causou.

Ainda hoje, milhares de soldados estão processando o governo norte-americano por seus sofrimentos e os de seus descendentes. Quanto aos vietnamitas – e também aos paraenses que sofreram calamidade parecida, se bem que em menor escala, pela aplicação de Tordon nas linhas de transmissão da hidrelétrica de Tucuruí –, ninguém parece preocupar-se.*

---

* Os herbicidas 2,4-D e 2,4,5-T foram aplicados no percurso da linha de transmissão de energia que vai da hidrelétrica de Tucuruí até Barcarena, próximo à Belém do Pará, passando por Marabá, Raiais, Goianésia e Tailândia. A população desavisada que foi atingida sofreu intoxicações graves, com ocorrência de abortos, registrando-se também morte de animais silvestres e domésticos (ver *Caderno Saúde Pública*, v. 1, n. 2, Rio de Janeiro, abr./jun 1985). O drama dos atingidos foi descrito no livro *O Agente Laranja numa República de Bananas*, de autoria do engenheiro agrônomo e florestal Sebastião Pinheiro (L&PM, 1986). Em 2006, circularam na web relatórios com fotos sobre os efeitos teratogênicos do agente laranja no Vietnã, país onde numerosos jovens são hoje portadores de deficiências físicas (em geral, ausência parcial ou total de membros) em consequência da aplicação do agente laranja durante a guerra. Disponível em: http://agentorangevietnam.net/help.html. (N.E.)

Na Suíça, também durante a última grande guerra, um certo Müller, da Geigy, descobriu que DDT, uma substância que era apenas curiosidade de laboratório, matava as moscas que sobre ela pousavam. As forças armadas norte-americanas, que sofriam com a malária nas ilhas da Oceania e do Pacífico, mandaram fabricar milhares de toneladas. Depois da guerra, a história se repete: mais um inseticida para a agricultura.

Em um campo bem diferente, temos algo semelhante. Com o término da última grande guerra, o Projeto Manhattan, que produziu a bomba atômica, sentindo-se ameaçado de extinção, diante das tendências iniciais de desarmamento, inventou o programa *Atoms for Peace*, para desenvolver e promover usinas nucleares. Foi a época em que se dizia que a energia nuclear seria tão barata que não haveria necessidade de contadores (*too cheap to meter*). Não foi o esquema de energia elétrica quem pediu as usinas atômicas, houve até gigantescas subvenções para concretizá-las. Assim como adubos químicos e agrotóxicos não surgiram por demanda da agricultura, mas são resultados de esforço bélico.

É fundamental entender isto: foi a indústria que viu o grande negócio, o promoveu e aproveitou.

Na agricultura, a indústria conseguiu dominar completamente o pensamento agronômico, a ponto de reorientar escolas de agronomia, ministérios de agricultura e a extensão agrícola. Esta última em parte surgiu justamente para promover os métodos agroquímicos, que acabaram por tornar-se dogma na agricultura. A política desenvolvimentista aceitou de imediato o postulado de que só com os métodos agroquímicos será possível combater a fome.

Entretanto, antes da vaga química, a agricultura estava muito bem encaminhada, em uma direção bem diferente, social e ecologicamente bem mais promissora.

Mas os métodos e pesquisas organicamente orientados, então em voga, passaram a ser desmoralizados, apresentados como sinônimos de atraso. Apenas agora, contra todas as barreiras que lhe foram impostas, está conseguindo conquistar respeitabilidade o movimento por uma agricultura ecológica e sã, regenerativa, que partiu da sociedade civil e de alguns poucos agricultores abnegados, um movimento que sempre fez sua própria pesquisa, sem nenhum apoio governamental. Muito ao contrário, quase sempre ridicularizado pelas entidades oficiais.

Para ilustrar como são esses métodos alternativos e quais as implicações políticas, vejamos um exemplo concreto. Em nosso país, no cultivo do café, as práticas convencionais consistem em manter o solo nu, de preferência com herbicidas, e fazer aplicações de adubos sintéticos, com ênfase em compostos nitrogenados. Isso leva a uma progressiva degradação da vida do solo e à suscetibilidade da planta ao ataque de pragas e enfermidades. Insetos, como a broca, mineiro e outros, são então combatidos com inseticidas. Ataques de fungos, como a ferrugem, são tratados com fungicidas. Se surgirem ácaros, aplicam-se acaricidas. Todo agricultor e agrônomo observador sabem que, quanto mais veneno se usa, mais praga aparece. Acabam aparecendo pragas realmente difíceis de controlar, como nematoides, e, em menos de dez anos, é comum o plantio tornar-se inviável. Então o agricultor derruba outro pedaço de bosque para fazer plantio novo.

Mas já temos cafeicultores que aprenderam a ressuscitar a sabedoria tradicional. Em vez do herbicida caro, usam ovelhas. A ovelha não gosta da folha do café, não prejudica a planta. Mantendo curta a vegetação natural, produz um excelente adubo orgânico, muito bem distribuído e, em vez de custo, significa pequena renda adicional, com economia de mão de obra. No lugar dos adubos sintéticos caros, se introduz leguminosas na cobertura verde. Estas produzem gratuitamente o nitrogênio necessário para uma boa produção de café. Basta, então, fazer uma boa adubação de base, com fosfatos naturais baratos e nacionais, que não nos custam divisas. Resultado desse tipo alternativo de manejo é um cafezal verde-escuro, viçoso, mais produtivo e, o que é mais surpreendente, praticamente isento de pragas e doenças. A qualidade do café também melhora consideravelmente, e o cafezal dura indefinidamente. Menos pressão sobre os restos de floresta.

No contraste entre esses dois caminhos, o primeiro insustentável e caro, o segundo barato, humano, ecológico e sustentável, pode-se ver muito bem a lógica do sistema. O primeiro caminho cria dependência. O agricultor se vê na dependência de comprar *insumos patenteados*, que pertencem a grandes empresas, contribuindo assim para sustentar suas gigantescas infraestruturas tecnoburocráticas. É verdade que os adubos químicos já não têm mais patentes, mas só podem ser produzidos em grandes complexos químicos.

O segundo método trabalha com insumos produzidos pelo próprio agricultor, ou em pequenas indústrias nacionais. Esse método não é patenteável! Quando funciona, os agricultores gratuitamente trocam entre si a informação. Está claro que o caminho suave não interessa à grande tecnocracia.

No contexto existente, o caminho suave é subversivo, por isso é combatido e desmoralizado.

O argumento mais usado por aqueles que não querem ver o alastramento de métodos regenerativos na agricultura é o de que esses métodos são coisa de *hippie*, só funcionam em propriedade muito pequena. Podemos mostrar, a quem quiser ver, propriedades muito grandes, altamente produtivas e econômicas, trabalhando em termos regenerativos. Grandes plantios de dezenas de milhares de pés de cítricas, por exemplo, de mamão, abacaxi e outros cultivos – completamente sem veneno, excelente produtividade e qualidade, com custos baixos (vale a pena ver o *Manual de Agricultura Orgânica*, Guia Rural, da Editora Abril, agosto de 1991).

A agricultura regenerativa, indefinidamente sustentável, traz vantagens para pequenos e grandes produtores.

O avanço da ciência tem possibilitado tecnologias sempre mais sofisticadas e sempre menos transparentes para o leigo. Com isso, torna-se sempre mais fácil para os aproveitadores criar situações de dependência e montar esquemas de dominação, esquemas que eles, então, sacramentam com ideologia adequada.

Um grupo de pesquisadores em estação experimental agrícola, após anos de trabalho, apesar de constatar conclusivamente que no Brasil o combate manual e mecânico das ervas invasoras na lavoura era mais eficiente e mais barato que os herbicidas químicos, todos os anos promovia a "capina química" em seus folhetos belamente ilustrados. Inquiridos sobre o porquê, eles, surpresos, responderam: "mas nós temos que promover insumos modernos!". Esses jovens certamente não eram corruptos, não foram comprados pela indústria dos agrotóxicos que, quando muito, lhes regalava uma garrafa de uísque para as festas de fim de ano. Eles, honestamente, interiorizaram um dos dogmas mais fundamentais da tecnocracia: o dogma que afirma que progresso é função de sofisticação tecnológica.

Progresso não é, necessariamente, função de sofisticação e concentração tecnológica.

A essência de nossa cultura atual, da Sociedade Industrial Moderna, que se encontra agora em sua fase final de conquista total do globo, é a tecnologia. Nossas vidas estão completamente determinadas e dominadas por ela. Por isso, nos consideramos todos muito modernos, nem pensamos em questionar. Regozijamo-nos por estar, finalmente, a democracia tomando conta do mundo. Não nos damos conta de que a verdadeira democracia, a liberdade e a autonomia individual, familiar, local, regional e nacional, está sempre mais corroída por *imposições intransponíveis de necessidades criadas* por decisões técnicas que são tomadas à revelia do cidadão, da comunidade e mesmo dos governos, em todos os seus níveis e poderes. Os governantes, imbuídos da ideologia da tecnocracia e dela dependentes, acabam sancionando e reforçando essa ideologia.

Imposições intransponíveis de necessidades criadas por decisões técnicas solitárias cada vez mais solapam a verdadeira democracia.

Essa cultura tecnológica alberga uma contradição politicamente fatal. Seus cidadãos, em sua quase totalidade, são analfabetos em ciência e tecnologia. Quando algo entendem, com raras exceções, são especialistas estreitos, ignorantes fora de sua especialização. Se as pessoas não entendem nem os princípios básicos da ciência e do funcionamento das tecnologias mais usadas, como vão entender as infraestruturas tecnológicas e seu alcance político, estruturas que não param de crescer e a envolver-nos de maneira sempre mais global e irreversível?

Para quem nunca pensou no assunto, esse analfabetismo técnico-científico pode parecer sem importância. Aliás, a maioria das pessoas nem curiosidade tem e não procura ampliar seu horizonte. Entre os próprios "instruídos", é comum os cientistas e técnicos desprezarem filosofia, e os humanistas não quererem saber de ciência. Já aconteceu na Alemanha de universidades de renome abandonarem cursos de filosofia, por considerarem que essas disciplinas não atendem necessidades práticas da economia...

Em uma cultura técnico-científica como a nossa, o analfabetismo técnico-científico do poder de decisão é politicamente funesto.

Isso é muito grave. Em culturas anteriores, Idade Média, Antiguidade, Idade da Pedra, as tecnologias empregadas – roda d'água, catavento, carruagens, linhas de arquitetura – eram todas transparentes para o cidadão normal. Impossível, portanto, confundir forca com arado. Hoje, entretanto, pouquíssimas pessoas conseguem distinguir tecnologia dura, isto é, tecnologias e infraestruturas tecnológicas concebidas para criar dependência e estruturar esquema de dominação, de tecnologias brandas, concebidas simplesmente para atender reais necessidades humanas, em harmonia com o mundo natural.

Em uma cultura que emprega tecnologias transparentes, ninguém confunde arado com forca. Mas hoje é comum essa confusão.

As próprias universidades já não mais merecem o nome de universidades. Elas já não têm a intenção de transmitir conhecimento universal, eclético, preparar pessoas sábias. A palavra "sabedoria" quase saiu de uso, desapareceu. A palavra "intelectual" já tem sabor pejorativo. A intenção é preparar especialistas estreitos, sempre mais estreitos. Medicina e Engenharia estão cada vez mais fracionadas em especialidades. O agrônomo já não dialoga com a natureza, mas transmite "pacotes tecnológicos". O arquiteto manda fazer os cálculos de concreto, as maquetes e, muitas vezes, os próprios desenhos, em escritórios especializados. Com maquinaria pesada, manda adequar o terreno ao seu projeto, em vez de ajustar a obra à paisagem.

A economia está retalhada em "ciências econômicas", "ciências contábeis", "administração de empresas", "comércio exterior". Conheço uma universidade que está se preparando para fazer graduação em "administração de hospitais". Que pode saber alguém que tem curso secundário, com a sua conhecida debilidade atual, seguido de uma "graduação" dessas? E são os economistas os que mais influenciam as decisões tantas vezes fatais dos governantes.

Nossas universidades deixaram de ser universidades, são meras escolas técnicas, e muito fracas.

Engenheiros, arquitetos, químicos, biólogos, médicos, dentistas, veterinários, zootecnistas, agrônomos, juristas, diplomatas, jornalistas, professores, todos conseguem diplomar-se, fazer quantas pós-graduações e doutorados quiserem, mesmo em universidades as mais renomadas, cada um enxergando apenas fração minúscula do imenso horizonte do conhecimento humano. Não conseguem imaginar o fascínio das grandes aventuras do espírito, nem das aventuras contemporâneas, como as revoluções na física, relatividade, mecânica quântica, física nuclear e subatômica, deriva dos continentes, biologia molecular, cosmologia moderna, com as concomitantes aventuras da técnica – de cujos resultados concretos desfrutam, mas sem dar-se conta e sem querer saber como funcionam. A grande maioria das pessoas "instruídas" não curte as grandes aventuras do espírito humano, nem mesmo as contemporâneas.

Nessa situação, as pessoas não conseguem chegar a uma perspectiva envolvente da real condição e situação humana no contexto do planeta e do cosmo. Fora uns raros indivíduos de formação e preocupação eclética e naturalista, a pessoa hoje considerada instruída ou culta nunca se viu confrontada, durante sua formação, com o grandioso panorama da sinfonia da evolução orgânica, que nos deu origem, na globalidade da biogeofisiologia desta maravilha incomparável e sem preço que é o planeta Terra. Se, em nossa galáxia ou em outras houver algo parecido, as distâncias siderais e intergalácticas tornam improvável um contato.

A não ser que tenhamos essa perspectiva, é claro que não haverá escrúpulos em ferir, maltratar e emporcalhar, pois, na maioria das cabeças, o Planeta não passa de um reservatório infinito de recursos gratuitos. As últimas selvas, nessa visão, são apenas "vazios demográficos" esperando para serem preenchidos. Quem nunca contemplou o belo e misterioso espetáculo da grande sinfonia da evolução orgânica não sente as feridas que causamos a Gaia, nosso planeta vivo.

Para melhor entendermos um dos aspectos ideológicos que alicerçam essas atitudes, torna-se necessário esclarecer uma confusão muito arraigada, às vezes deliberada. Ciência e tecnologia são constantemente confundidas. As duas palavras aparecem quase sempre juntas e são tidas como sinônimos. O leigo costuma pensar que ciência/tecnologia é uma espécie de cornucópia, que fornecerá sempre novas mágicas e nos permitirá resolver todos os nossos problemas para, em um futuro glorioso, transformar a Terra em paraíso. A real e sagrada função da ciência, nessa visão, é a produção de novas tecnologias, de tecnologias vendáveis, de preferência patenteáveis, que levem a faturamento, sempre mais faturamento. Nesse enfoque, é reservado à ciência apenas o papel de serva fiel da economia. Na prática política e administrativa também já temos um conceito unificado de ciência/tecnologia. Quase todos os governos do mundo têm ministérios ou secretarias de ciência e tecnologia. Não conheço nenhum que os separe. Consideram-se ou são tidos como cientistas milhões de pessoas que, na verdade, deveriam ser chamadas de tecnólogos, todos aqueles "pesquisadores" que desenvolvem novas tecnologias, mesmo que se trate apenas de encontrar uma nova fórmula para sabão ou perfume. Por outro lado, aqueles poucos que ainda fazem ciência básica, por exemplo, nos grandes aceleradores de partículas, para descobrir as leis mais básicas do comportamento da matéria, esses, quando precisam pedir verbas aos governos, justificam seu trabalho com o possível aparecimento de novas tecnologias ainda não discerníveis, mas que, certamente, serão de grande valor. A simples curiosidade diante dos mistérios do universo não vale como argumento para obter verba.

Ciência e tecnologia não são a mesma coisa. Mas o que, então, é uma e o que é outra?

O verdadeiro cientista, no sentido filosófico da palavra, pode, de certa maneira, ser comparado ao monge medieval. Este, partindo de um ato de fé (cristã, budista ou outra qualquer), aceita uma vida dedicada, trabalhosa, com as disciplinas monásticas – frugalidade, obediência, castidade, o que for. Do mesmo modo, o cientista também baseia sua vida em um ato de fé, aceita uma vida disciplinada e a prática de virtudes especiais. A ciência tem como postulado básico, *a priori* não comprovado, a ideia de que o universo é racional e inteligível, que ele se comporta de acordo com leis bem definidas, universais, imutáveis e intransgredíveis.

Muitos leigos, especialmente economistas e políticos, analfabetos em ciências naturais, parecem pensar que a ciência acabará encontrando maneiras de superar as leis da natureza. Que passaria por cima da lei da gravidade, por exemplo. Argumentam, assim, que sempre haverá tecnologia para reparar o que estragamos, que encontraremos sempre novos recursos, quando se acabarem os atuais. Mas se hoje um avião atravessa oceanos com quinhentas pessoas a bordo, a novecentos quilômetros por hora e a dez mil metros de altura, é porque os engenheiros que projetam e desenvolvem essas naves se atêm estritamente às leis da física, eles não têm como não submeter-se à lei da gravidade ou às leis da aerodinâmica. Qualquer desrespeito a essas leis, o avião não voa, ou cai.

O cientista, então, quer descobrir as leis universais, imutáveis e intransgredíveis do comportamento da natureza. Como faz para descobri-las? Ele se empenha em um diálogo limpo, intensivo, absolutamente honesto com tudo o que podemos observar. Observando e comparando fatos ou fenômenos, por intuição, imaginação ou associação de ideias, concebe modelos, regras ou conjuntos de regras. Chega, assim, a uma hipótese. A hipótese sugere experimentos, que podem refutá-la ou não. Se for refutada, não deixou de ser um bom instrumento de trabalho, porque obriga a ajustes no modelo ou à procura de outro modelo. Se não for refutada, não quer dizer que não possam surgir novas observações que a refutem. Portanto, o cientista jamais poderá afirmar que encontrou a verdade absoluta, só aproximações sempre mais precisas.

Virtude básica nesse diálogo é a honestidade, absoluta e sem perdão. Cientista que mente, logra, comete fraude, faz trapaça, por definição deixa de ser cientista. Quer dizer, quem pratica ciência tem que ser humilde, modesto, totalmente autocrítico, disposto sempre a abandonar suas ideias, mesmo as mais queridas e arraigadas, no momento em que a natureza lhe indicar que estão equivocadas.

É comum hoje ouvir-se que ciência nada tem a ver com valores ou emoções, ou com ética. Mas esse tipo de honestidade é uma decisão ética.

A ciência é um valor em si. Ciência é religião, no verdadeiro sentido da palavra. Pessoalmente, gosto de definir ciência como a contemplação da divina beleza do Universo – sem medo da emoção contida nessa frase. Sim, a ciência é profundamente emotiva, não tem nada de fria. Ela parte de uma atitude amorosa, pode-se dizer, pois ela deseja compreender.

E a tecnologia, o que é? A tecnologia também não é fria, é muito quente, e ela também tem a ver com decisões éticas. Mas o sinal das emoções que guiam as decisões tecnológicas é contrário. A técnica aproveita-se dos conhecimentos e das informações que o diálogo limpo deu à ciência para fazer artefatos, produzir instrumentos. Ora, todo instrumento serve a alguma vontade, à do inventor ou à de quem o financia. Isso tem a ver com poder, por grande ou pequeno que seja. **A técnica parte de um desejo de domínio, ela é impositiva, é o contrário da atitude básica da ciência, que é contemplativa.**

Não queremos com isso dizer que a técnica é ruim. Pode ser boa, neutra, perniciosa, dependendo dos alvos que persegue. Mas enquanto a ciência leva a atitudes de respeito, fascinação, amor, vontade de proteger, a técnica facilmente cai na agressão, e é o que predomina no mundo contemporâneo.

Vejamos uma metáfora. Digamos que um cientista e um tecnocrata se encontram diante de um espetáculo da natureza. Estão observando o Pão de Açúcar, no Rio de Janeiro. O cientista se encanta com aquele gigantesco monolito, uma rocha inteiriça de seiscentos metros de altura, com uma só fenda vertical. Cogita sobre como os milhões de anos de erosão geológica a deixaram com aquela forma. Conhecendo o material da rocha, *gneiss*, saberá que a Serra do Mar, da qual faz parte, surgiu uns seiscentos milhões de anos atrás, quando a deriva dos continentes empurrava a América do Sul em direção contrária à atual, que, do outro lado, está fazendo crescer os Andes. Da geologia irá até a cosmologia. Vislumbrará a formação do nosso sistema solar, uns 4,5 bilhões de anos atrás. Sabe que os elementos mais pesados, além do hidrogênio e hélio, sem os quais nosso planeta não existiria ou seria apenas uma bola de gases, só podem ter-se originado muito antes do nascimento do nosso sol, em uma supernova, centenas de milhões ou mesmo bilhões de anos antes. Observará a vida que cobre a rocha: os liquens, musgos, cactos, bromélias e outras plantas epífitas, os insetos e as aves, os mamíferos, os répteis, o que hoje sobra de bosque na base, a vida no mar circundante. Quanto mais pensa, mais fascinado fica. Acabará levado a pensar no fantástico processo que é a Vida, em seus 3,5 bilhões de anos de evolução orgânica, um processo sinfônico estonteante que, entre milhões de formas e comportamentos dos seres vivos, da bactéria e alga microscópica à baleia e sequoia, também deu origem à nossa espécie, e à nossa capacidade de percepção e de encantamento diante desta fantástica maravilha. Quanto mais observa, mais comovido fica, mais afeto sente, mais sofre diante dos estragos que constata.

Já o tecnocrata vê as coisas de maneira bem diferente. Ele se pergunta: "o que podemos fazer com isso? Além do potencial turístico, será que existe, neste morro, algum minério importante que podemos explorar? Quanto podemos ganhar com isso? Quem sabe, demolindo uma parte, aterrando o mar, poderemos obter grandes lucros na especulação imobiliária?" E por aí segue.

As atitudes da ciência e da tecnologia são ambas profundamente emotivas, mas as emoções são de sinal contrário.

A ciência e a tecnologia, é claro, são inseparáveis. Assim como a tecnologia se aproveita da ciência, a ciência precisa de tecnologia cada vez mais elaborada, telescópios, microscópios, aceleradores de partículas, *lasers*, *chips* e computadores, uma infinidade de instrumentos de medida cada vez mais precisos e sofisticados. O casamento entre ciência e tecnologia é indissolúvel, mas é difícil, pois as partes têm caráter oposto. Um é contemplativo, reverente; o outro é pragmático, impositivo.

Na ciência, como vimos, por definição, não pode haver mentira. Mas observemos atentamente as tecnologias e, sobretudo, as infraestruturas tecnoburocráticas que hoje predominam. Estão cheias de mentira, trapaça, logro, insinuação enganosa. É claro que as respectivas técnicas, em si, são tão perfeitas quanto possível: a mentira está nos objetivos, no uso e no aproveitamento dessas pelo poder estabelecido.

Entende-se logo por que alguns querem que confundamos ciência e tecnologia, ao mesmo tempo em que insistem que a ciência é fria, sem ligações com ética. Se aceitarmos que a técnica é eticamente neutra, então não há por que questioná-la moralmente, politicamente. Cidadãos e parlamentos não terão por que imiscuir-se em decisões técnicas como, por exemplo, se deve ou não ser construída uma usina nuclear próximo à minha cidade, um polo petroquímico na margem de meu rio, se minhas lavouras e pastos poderão ser inundados pelas águas de uma barragem, se cultivares transgênicos devem ou não ser liberados. Se eu protestar, serei acusado de emotivo, de saudosista, de querer voltar à Idade Média, pior ainda, à Idade da Pedra. Dirão, como de fato dizem: "mas estamos falando de questões técnicas, essas decisões devem ser discutidas e tomadas em grêmios técnicos, de cabeça fria, objetivamente, sem emoção..."

Pois examinemos um cenário que coloca em foco uma nova tecnologia. É um caso simples, porém esclarecedor. E ele aconteceu de fato. Em uma cidade brasileira, grandes fábricas de conservas de frutas resolvem adotar uma nova técnica. As frutas que eram descascadas à mão passam a ser descascadas quimicamente. A fruta recebe um banho de soda cáustica dentro de uma peneira rotativa, de onde sai lisinha e sem casca. "Tecnicamente", uma decisão correta: enorme aumento de eficiência, redução de mão de obra, redução de custos, automatização, rapidez de operação, melhor controle e uniformidade do produto e algumas vantagenzinhas mais – *para o dono da fábrica*. Se, como quer a ideologia vigente, esse tipo de decisão é politicamente neutra, não há por que não deixá-la à discrição do gerente ou administrador da fábrica. Entretanto, ela teve graves consequências sociais e ambientais. Milhares de operárias, para as quais o emprego na fábrica de conservas era vital, apesar de malpago e sazonal, foram sumariamente despedidas. Além do estrago social, um estrago ambiental: o riozinho ao lado da fábrica, onde essa gente podia pescar, obter gratuitamente um pouco de proteína, é agora uma cloaca aberta, pois recebe os efluentes do descasque químico. Até aí, o povo já perdeu o emprego e o peixe. Mas há mais uma perda: enquanto a fruta era descascada à mão, sobravam anualmente alguns milhares de toneladas de casca, que eram levadas por criadores de porcos. Agora, não há mais cascas para os porcos.

Vê-se, portanto, que vantagem, nesse caso, lucro, só para o proprietário da fábrica – e isso caracteriza a tecnologia dura. Já os custos, estes estão socializados. Tivesse essa decisão sido discutida na câmara de vereadores, tivessem sido consultados os pescadores, os criadores de porcos e as operárias, a decisão poderia ser bem outra.

Decisões técnicas são sempre decisões políticas. Deveriam, por isso, ser sempre politicamente discutidas.

Essas observações trazem à tona outro aspecto do pensamento político-econômico de hoje. Se contestarmos o executivo que introduziu o descasque químico, muito provavelmente ele responderá que não tomar essa decisão seria antieconômico. O argumento da economicidade é um dos mais usados quando são apontados estragos sociais e ambientais. Mas é um argumento que repousa sobre uma confusão, muitas vezes deliberada. Precisamos sempre perguntar-nos:

econômico para quem? Para a comunidade ou apenas para a empresa? No caso mencionado, pode-se ver que para a comunidade era claramente mais econômica a solução do descasque manual. Entretanto, quantas vezes aqueles que detêm o poder de decisão política se deixam levar por essa confusão! É a origem da maioria dos cartórios, subsídios e isenções.

Outro aspecto importante fica muito claro nesse exemplo. Quando estão em dificuldades e procuram ajuda do Estado, isto é, do contribuinte, os tecnocratas gostam de argumentar em favor da manutenção de empregos. Os tecnocratas não permitem, entretanto, que esse tipo de preocupação interfira em suas decisões de "eficiência técnica". Quando lhes convêm, ou quando estão em dificuldades, os mesmos que argumentam em favor da manutenção de empregos não hesitam em partir para métodos que destroem empregos.

A pretensão da isenção ética da ciência e da sinonímia ciência-tecnologia, além de contribuir para silenciar críticas da sociedade civil, tem outra vantagem importante para certos tecnocratas: acalma consciências. Assim, os "cientistas" que pesquisam nos grandes laboratórios da indústria bélica, inventando *napalm* para torrar vivos adultos e crianças, fazendo armas químicas e biológicas para massacres indiscriminados, que inventam uma superbomba de micro estilhaços de plástico (para que não apareçam na radiografia, impossibilitando ao cirurgião achá-los nos corpos dos sobreviventes, se houver), todos esses "pesquisadores", em seus laboratórios climatizados, cientes de que estão lidando com problemas "apenas técnicos", conseguem manter-se tranquilos, conseguem dormir bem à noite. O mesmo pode dizer-se dos engenheiros que projetam grandes barragens, ou dos químicos que desenvolvem agrotóxicos. Certamente podemos incluir os fazendeiros que mandam derrubar até centenas de milhares de hectares de selva para fazer pasto, expulsam ou mandam matar índios e caboclos. Estão todos "friamente", "de cabeça clara" e "sem emoção", lidando com "problemas técnicos".

Diante do espetáculo deprimente do corte raso de floresta temperada úmida na Colúmbia Britânica, no Canadá, em conversa com engenheiro florestal, vendo cair gigantes de mais de cem metros de altura, com troncos de até dez metros de diâmetro, idades acima de mil anos, me atrevi a comentar: "não lhe parece que o que estão fazendo aqui é sacrilégio, é pecado?" Muito irritado, o engenheiro retrucou: "por que esta linguagem religiosa? Este é um problema técnico!"

A mentira da neutralidade ética de ciência e tecnologia abafa consciências. Os políticos e, sobretudo, os administradores públicos, precisam entender que a tecnologia, boa ou ruim, bem ou mal-intencionada, nunca é fria. Ela é sempre o resultado de emoções.

A finalidade da tecnologia é atender a vontade de alguém, mexer com o mundo, dobrar vontades alheias. Portanto, a escolha de uma técnica é *sempre um ato político*, por pequeno ou grande que seja.

Por não entenderem esse aspecto, políticos e público admiram-se quando, consultando técnicos ou peritos, especialistas em determinados assuntos, descobrem que estes discordam entre si, às vezes violentamente, dependendo de para quem trabalham e de que filosofia seguem. Não poderia ser diferente, pois a técnica não é uma coisa imutável e implacável como são as leis da física. Neste momento (julho de 1991), testemunhamos no Brasil uma briga acirrada entre propugnadores, fabricantes e vendedores de incineradores e usinas de lixo, sempre muito caras, e os que propõem soluções suaves, baratas, sociais e ecológicas, que preferem empregar os catadores dos lixões, disciplinando-os e acessando-lhes condições decentes de vida, para o reaproveitamento dos materiais recicláveis; que querem também motivar as economias domésticas, os escritórios e as fábricas a fazerem separação na origem, facilitando o trabalho dos catadores. De ambos os lados estão excelentes técnicos, que entendem muito bem de seu respectivo negócio. Uma discussão meramente técnica entre ambos os grupos não leva a nada, pois estarão partindo de diferentes paradigmas. O que precisa ser discutido são os paradigmas, os postulados básicos, as finalidades. Os alvos e os interesses.

Para nos orientarmos, diante de uma discussão desse tipo, basta procurar entender de que lado está a tecnologia branda.

No caso citado, do destino do lixo, queremos proporcionar bons negócios a certas empresas e capitais, ou queremos fazer trabalho social e ecologicamente aceitável?

Esse assunto permite constatar certo aspecto conspirativo pouco percebido pelo público e, às vezes, pelos próprios políticos que se prestam a colaborar. Muita regulamentação – leis, decretos, portarias – é feita sob medida para atender certos interesses. Ainda sobre os incineradores: quando apareceram os fabricantes desses equipamentos, iniciou-se nos meios de comunicação uma inquietação sobre o "lixo hospitalar". Antes, lixo era lixo, ninguém via diferença. Com a agitação na imprensa, foi fácil conseguir legislação que obriga à incineração. Até mesmo incineração tão absurda quanto a que hoje se faz nos aeroportos, dos restos das refeições servidas a bordo, mesmo quando ainda intactas nas embalagens. Argumenta-se que esses restos de comida poderiam trazer patógenos de doenças infecciosas, que nem para ração de porcos elas servem, pois que poderiam trazer a peste suína. Mas, então, que fazemos com os passageiros e suas bagagens? Vamos incinerá-los também...? Os interesses acabam influenciando a aprovação de legislação em seu favor.

Neste e em outros casos, temos políticos que embarcam sem saber no quê. Não há corrupção, só desinformação. Por outro lado, a infinidade de possibilidades e convites à corrupção, direta ou indireta, consciente ou quase inconsciente que a tecnologia oferece, especialmente a megatecnologia, se quiséssemos descrevê-la em detalhe, ocuparia volumes mais maciços que os da Enciclopédia Britânica.

Mas surgem também conspirações de verdade. Vejamos como estão sendo preparadas para a agricultura novas e fatais formas de dominação – imposições intransponíveis de necessidades criadas por decisões técnicas, desligadas de preocupação social e ambiental, e alicerçadas em *legislação encomendada*.

Ao lado da falácia sobre a eficiência da agricultura moderna, temos a falácia da chamada Revolução Verde. Já mencionamos como o milho e o frango híbridos se prestaram à estruturação de esquemas de criação de dependência. Dentro desse mesmo contexto, desde os anos 50, foram intensificados, inicialmente por governos e fundações privadas, com as melhores intenções do mundo, mais tarde por grandes empresas e multinacionais, agora com intenções apenas comerciais, trabalhos cada vez mais profundos de seleção genética dos cultivares agrícolas, vegetais e animais. Os resultados iniciais foram estonteantes. As consequências, a longo prazo, horríveis.

A Revolução Verde aumentou produtividade, mas às custas de miséria e marginalização de milhões.
Vejamos o caso do arroz. No passado, os camponeses dos países asiáticos, assim como das Filipinas e da Indonésia, cultivavam dezenas de milhares de variedades de arroz. Uma extraordinária riqueza genética. Cada cultura camponesa tinha pelo menos uma dúzia de variedades. Cada uma dessas variedades era o resultado de milhares de anos de seleção, consciente e mesmo inconsciente. Todos os anos, o camponês guardava de sua colheita os grãos que lhe pareciam os melhores, para serem semeados no plantio seguinte. Nas regiões bem tropicais conseguiam até três colheitas por ano. Algumas dessas variedades eram precoces, outras tardias, algumas de talo alto, outras curtas, resistentes ou não à seca, e assim por diante. A produtividade era boa, satisfatória. Não espetacular, porém segura. Além de produtividade garantida havia, dentro dos métodos tradicionais de cultivo, com adubação orgânica obtida na propriedade, boa resistência contra pragas e enfermidades. Durante milhares de anos floresceram essas culturas camponesas, mantendo-se com seus costumes, arquitetura, arte, segurança social. Não havia pobreza.

Então aparece o *Rice Research Institute*. Após alguns anos de seleção, baseada em cruzas obtidas a partir de variedades camponesas tradicionais, esse instituto coloca no mercado uma semente de arroz espetacularmente produtiva – e acompanhada de toda uma ideologia de "aumento de produção e solução do problema da fome diante da explosão demográfica". Essa semente, no entanto, era altamente exigente quanto à adubação e suscetível a pragas e doenças. Os ministérios de agricultura iniciaram as usuais campanhas de incentivo e financiamento. Como é comum nesses casos, o pequeno não tem acesso a essas vantagens. Centenas de milhares, se levarmos em conta a totalidade dos países arrozeiros, milhões de camponeses se marginalizam, acabam nas favelas das cidades. No campo sobram apenas os grandes plantadores. Veja-se o triste espetáculo que hoje apresenta Manila. As Filipinas atualmente produzem mais arroz, é verdade, mas o povo filipino come menos arroz. Grande parte do arroz produzido com os altos incentivos e com venenos (onde antes não havia veneno nenhum) é para exportação ao Primeiro Mundo...*

Além desse desastre social, aconteceu um desastre biológico, ou seja, ecológico. Perdeu-se quase todo aquele capital genético que eram as variedades tradicionais. Rompeu-se aquela cadeia milenar de seleção localmente ajustada. Hoje cultivamos as mesmas variedades de arroz nas Filipinas, na Malásia, na Indochina, em Louisiana, no Havaí, na Austrália, Rio Grande do Sul e Uruguai. Em todo lugar onde se planta arroz. Se algum dia surgir uma enfermidade violenta para a qual essas variedades são suscetíveis, ela irá se alastrar rapidamente pelo mundo todo. Já houve um problema semelhante e muito grave nos Estados Unidos, com milho híbrido.

A Revolução Verde acabou propiciando gigantescos e garantidos negócios às empresas de produção e comercialização de sementes – às custas do agricultor, que antes era autárquico. É apenas lógico que viesse a surgir, em seguida, a tendência ao patenteamento de sementes. No caso dos cultivares híbridos, não é necessário, pois o agricultor não tem como, ele mesmo, reproduzir as qualidades desejadas. Mas, felizmente, com a maioria das espécies vegetais, devido aos mecanismos de polinização, não é possível fazer variedades híbridas como as do milho e dos frangos. Por isso, já se encontrou outro caminho: quando o agricultor trabalha com crédito agrícola, o que hoje já é quase a regra (quando deveria ser a exceção), o banco exige que trabalhe com semente "certificada". Esta, naturalmente, só pode ser semente do "grande esquema".

O desenrolar dessas tendências na agricultura do mundo, assim como em outros campos, ilustra bem o que costuma acontecer com decisões técnicas apoiadas em decisões políticas. Inicialmente, grandes promessas para todos. As vantagens, no entanto, acabam restritas a uns poucos, bem poucos, em geral gente que já é poderosa. Os custos sociais e ambientais são, no início, ignorados, mas acabam sendo pagos pelas massas, que só sofrem e nem se dão conta de onde vem

---

* O Instituto Internacional para a Pesquisa do Arroz foi implantado, em 1960, nas Filipinas, pela Fundação Ford e, mais uma vez, pela Fundação Rockfeller, que ideou a "Revolução Verde". Em seu site – www.irri.org –, o Instituto do Arroz hoje sustenta que faz parte de sua missão "reduzir a pobreza e a fome, melhorar as condições de saúde dos plantadores e consumidores de arroz e assegurar-se de que esta produção seja sustentável...". (N.E.)

o castigo que lhes é imposto. Depois, a culpa é lançada na "poluição da miséria". Ninguém é chamado à responsabilidade. Aqueles que tomaram as decisões já estão em outra.

Aqueles que, com suas decisões, acabam levando milhões de pessoas à marginalização e miséria, não são chamados a responder pelas consequências.

Quero deixar bem claro que, ao apontar esses aspectos da moderna sociedade industrial, não estou fazendo proselitismo anticapitalista ou pró-socialismo. A loucura é a mesma em ambos os lados. É até pior do lado que se dizia socialista. Basta mencionar a coletivização da agricultura na União Soviética. Lênin e Stálin, a pretexto de modernização da agricultura, condenaram à morte por execução ou por fome milhões de *koulaks* (classe dos proprietários rurais da Rússia antes da revolução socialista), quase completamente apagaram as culturas camponesas dos povos da União Soviética. Tampouco sou contra a livre iniciativa, ela é fundamental, como o é um mercado livre. Mas o que todos esses esquemas têm em comum, o que todos eles fazem é, justamente, limitar liberdade de ação individual, local, comunal, é manipular mercado.

Nos Estados Unidos e no Canadá, a maioria dos agricultores pequenos e médios não consegue mais ganhar o necessário para pagar os juros de seus créditos. O camponês tradicional nem sabia o que era crédito. A política agrícola do Mercado Comum Europeu custa astronômicas somas ao contribuinte europeu, e a maior parte desse dinheiro não beneficia o agricultor – a não ser que ele seja grande. Beneficia a indústria química, de maquinaria agrícola, os grandes matadouros e comerciantes de carne, os "beneficiadores" de alimentos e moinhos. Beneficia especuladores e gigantesca rede de corrupção. Basta mencionar que, em 1950, na antiga República Federal Alemã, havia 1,8 milhão de agricultores. Hoje, no mesmo território, são menos de setecentos mil. A cada dia, centenas mais abandonam o campo. Espera-se que em mais meia dúzia de anos sejam apenas meio milhão. Na Espanha, Portugal e Grécia estão desaparecendo as últimas culturas camponesas ainda relativamente sãs e ecologicamente aceitáveis.

O Mercado Comum Europeu, em sua política agrícola, nada tem de mercado livre, é um gigantesco esquema de manipulação de mercados.

Um pequeno parênteses: precisamos também entender um aspecto muito importante na história do mundo moderno. O comunismo não era uma verdadeira alternativa ao capitalismo, era variante menos eficiente da mesma coisa – era capitalismo de estado. Se não funcionou é porque era menos cibernético. Pela concentração do poder, em geral em uma só pessoa, em uma igreja central, em um papa infalível, ele eliminou todo o *feedback*, ou seja, toda retroação da base para o topo. Isso só pode levar à repressão ou ao fracasso. Assim como o catolicismo e o protestantismo são duas seitas cristãs, *capitalismo* e *comunismo* são duas seitas do *industrialismo*, ou *tecnocratismo*. Os alvos são os mesmos, a ideologia realmente básica é a mesma.

Voltemos à agricultura e à nova conspiração. Mesmo durante o auge da Revolução Verde, os geneticistas que faziam as seleções dos novos cultivares tinham como alvo plantas e animais mais produtivos. O que interessava eram aqueles quilos a mais por hectare. Quase sempre sem levar em conta custo de insumos, ou aspectos como sabor, qualidade e durabilidade. Interessava que tivesse aspecto bonito na estante do supermercado e interessava certa resistência a pragas e doenças. Sucede que, durante a última década e meia, a indústria dos agrotóxicos acabou por adquirir a quase totalidade das empresas que lidam com sementes.

Hoje, quem domina a genética dos cultivares são os fabricantes dos venenos agrícolas. Os geneticistas agora são funcionários dos fabricantes de agrotóxicos.

Por que será que a indústria dos agrotóxicos decidiu se interessar pelas sementes? Acontece que o conceito de *integração vertical*, que tanto sucesso trouxe aos donos das patentes das poedeiras e dos frangos híbridos, fascina a quem aspira à concentração de poder econômico. Agora o alvo é colocar no mercado *semente patenteada*, ou pelo menos registrada, já previamente recoberta de adubo, herbicida, fungicida, inseticida, acaricida, resistente não mais às pragas, mas resistente a esses agrotóxicos, especialmente ao respectivo herbicida. Ainda não alcançaram de todo esse alvo, mas milhares de pesquisadores estão trabalhando nessa direção. A palavra de ordem é a *engenharia genética*. O alvo é a "integração vertical".

Daí que, nos parlamentos de todos os países, se verifica grande pressão para que sejam aprovadas leis permitindo o *patenteamento de seres vivos*. Felizmente, em nosso país, pelo trabalho desesperado de um pequeno grupo de professores e agrônomos, isso ainda não foi possível. Nos Estados Unidos, já existe esse tipo de legislação. No Mercado Comum, os bancos exigem semente registrada. Essa forma de coerção já existe entre nós também. Ainda bem que o Brasil é muito grande, muito variado, ainda temos muito agricultor, pequeno e grande, que tem sua própria receita, faz sua própria coisa, não se enquadra no esquema. Mas temos que manter-nos alertas. Agora o GATT, em sua pressão pelo respeito ao direito de "propriedade intelectual", está querendo impor-nos obediência. Espero que nossos negociadores se deem conta.*

Detalhe importante: a agricultura hoje marcha acelerada em uma direção que significa anular sua função mais fundamental, que é a captação de energia solar pela fotossíntese – um processo antientrópico. Para entendimento do leigo em física, é algo assim como carregar baterias. Ora, se para carregar uma bateria eu descarrego várias outras de mesma capacidade, isso significa perda, descapitalização, prejuízo. E é isso que estamos fazendo na agricultura. De antientrópica, no passado, a agricultura transformou-se em processo maciçamente entrópico hoje. Muitos de nossos cultivos já consomem mais energia nos insumos – combustível, adubos, agrotóxicos, maquinaria, siderurgia, transporte – do que a energia captada na lavoura pela fotossíntese. Uma situação essencialmente insustentável.

De antientrópica no passado, nossa agricultura tornou-se fator maciço de entropia, ou seja, de demolição dos processos vitais e de sustentação de vida.

Em nosso país, a própria agricultura primitiva, como aquela que hoje é praticada na Amazônia e demais selvas por aqueles que foram

---

* O GATT, Acordo Geral sobre Tarifas e Comércio, antecedeu a Organização Mundial do Comércio, criada em 1995. De acordo com a procuradora da República e mestre em Direito Ambiental Sandra Akemi Shimada Kishi, atualmente no Brasil "não obstante seja expressamente proibido o patenteamento de seres vivos, exceto dos micro-organismos geneticamente modificados, a realidade é que plantas, animais, variedades, ou seus componentes genéticos, estão sendo patenteados no exterior, monopolizando nossos produtos, que ficam impedidos de ser utilizados no Brasil, salvo em caso de anuência do titular do privilégio, e sempre com o pagamento de *royalties*" ("Tutela jurídica do acesso à biodiversidade no Brasil". Disponível em: http://www.museu-goeldi.br/institucional/Sandra_A_S.pdf. (N.E.)

marginalizados pelo modelo desenvolvimentista, desperdiça imensas quantidades de energia para pouca produção. A coivara na floresta tropical chega a queimar até mil toneladas por hectare de biomassa, para uma ridícula produção de algumas centenas de quilos de grão de milho ou duas a três toneladas de mandioca. Na pecuária, a razão é ainda mais absurda – 30 a 50 quilos de carne/ha/ano! Na Europa, na agricultura orgânica, 400-600/kg/ha/a, mais até 5 mil litros de leite, no mesmo hectare. Uma única castanheira derrubada produzia dez vezes mais alimento precioso. Não precisamos nem entrar na discussão da perda de diversidade biológica que essas práticas significam. Os ecossistemas em pé tinham capacidade muitas vezes superior de alimentar gente, em um estilo de vida significativo e sustentável.

Se acrescentarmos as queimadas, desnecessárias e mesmo criminosas, que assolam todo nosso território e países vizinhos, o estrago é aterrador. São centenas de milhões de toneladas de biomassa que anualmente se esvaem em fumaça e cinza. Essa é uma tradição baseada em cosmovisão perversa e que está entre as mais perniciosas que a humanidade já produziu.

Se estudarmos em detalhe, mas com perspectiva holística, a nossa agricultura como um todo, veremos que ela, com suas sequelas, é um esquema garantidamente suicida. Basta extrapolar as tendências atuais:

• avanço sobre as últimas selvas, a um ritmo que significará, caso não haja inversão muito em breve, obliteração total, em poucas décadas;

• balanço energético negativo, em grande parte do esquema, com pouco saldo positivo no resto;

• ineficiência produtiva, e com destruição de alimento, em grande escala;

• perda de solos produtivos, pela erosão, em escala assustadora;

• envenenamento dos alimentos e da paisagem, pelos agrotóxicos.

Pudéssemos ser visitados por seres extraterrestres de fato inteligentes, que examinassem detidamente o que estamos fazendo, eles nos considerariam lunáticos.

E por que dou aqui tanta ênfase à agricultura? Porque, afinal, o berço daquilo que entendemos por civilização começou com a agricultura, e a agricultura continua sendo uma das mais importantes interfaces entre Civilização e Criação. Se continuarmos com as atuais formas de agricultura predatória, insustentável, acabará caindo a Civilização.

Os métodos para uma produção agrícola sã, limpa, sustentável e socialmente justa são conhecidos. Para aplicá-los, basta vontade política.

Voltemo-nos para outro aspecto importante do industrialismo moderno – o *transporte*. Entre as técnicas que mais fascinam as pessoas, a ponto de ter-se tornado "vaca santa" para muitos, está o automóvel particular. De fato, para quem tem os meios de mantê-lo, dispõe de boa infraestrutura viária ainda não congestionada, o carro particular é um fator de liberação. Mas será solução a longo prazo dentro da visão desenvolvimentista que predomina?

O mundo todo não aguentaria uma densidade de carros como a que existe nos países do primeiro mundo e nas nossas classes abastadas.

Se o mundo todo estivesse já desenvolvido como se pretende, com relação número de carros/número de habitantes como a que temos nos países do chamado primeiro mundo e nas classes dominantes do terceiro mundo – ou seja, entre 1,5 a 2 habitantes por carro –, teríamos não mais meio bilhão de carros, o que já é demais, mas mais de três bilhões de carros. Inconcebível. O planeta não consegue arcar. Não vale a pena explicitar aqui o desastre para a atmosfera e o esbanjamento de recursos irrecuperáveis que isso significaria. Qualquer pessoa inteligente e informada pode fazer o exercício mental necessário para constatar a impossibilidade dessa extrapolação. Aliás, a situação atual na maioria das grandes metrópoles, com seus gigantescos congestionamentos, perda de tempo e ar irrespirável, já representa uma *reductio ad absurdum*. Mesmo cidades como Los Angeles, com seu colossal emaranhado de vias expressas, ou Brasília, que foi concebida para o carro, não para pessoas, oferecem ao observador atento e descomprometido espetáculos de desatino, se analisados em termos de eficiência energética e de uso racional de material rolante (em Los Angeles, milhões de toneladas), com muito consumo de combustível e pouca gente transportada. A grande maioria dos carros com apenas um ou dois passageiros.

Se perguntarmos a um gerente ou dono de fábrica se ele compraria uma máquina que passa, em média, mais de 90% do tempo parada e, enquanto parada, constitui empecilho, que estorva exatamente aquilo que deveria estar ajudando a resolver, é claro que a resposta seria um redondo não. O carro particular nas grandes cidades é isso, uma das máquinas mais ineficientes já postas em uso. Em termos energéticos e de uso racional de materiais, seria bem mais eficiente se andássemos sempre de táxi. Este ao menos estaria trabalhando quase que 100% do tempo.

Ivan Illich, grande crítico social e ecológico da sociedade de consumo, aponta outra ineficiência. Ele apresenta uma conta muito interessante. Nos Estados Unidos, país mais motorizado do mundo, o cidadão típico dirige seu carro por uma média de 7 mil milhas (aproximadamente 11 mil quilômetros) por ano. Além das mais ou menos duzentas horas/ano que passa dirigindo, deveríamos acrescentar um número bem maior de horas de envolvimento com o carro. Pelo menos quinhentas horas por ano do tempo dedicado ao emprego correspondem às necessidades do carro – compra, troca de modelo, combustível, manutenção, seguro etc. Se dividirmos 7 mil milhas por setecentas horas, a velocidade média resulta em apenas 10 milhas por hora. Se levarmos em conta que, pela maneira como está hoje estruturado o tráfego e como as cidades estão descentralizadas, atendendo justamente às necessidades do carro, constatamos que perto da metade da quilometragem que se faz é decorrência da maneira como usamos os carros e de como eles afetaram nossos hábitos e alteraram nossas cidades. No final dessa conta, chegamos à fantástica velocidade de uns oito quilômetros por hora...

É claro que, para o indivíduo rico, para quem a totalidade dos custos do carro é fração insignificante de sua renda, a velocidade real se aproxima do que mostra o ponteiro no velocímetro. Em contrapartida, o pobre que não tem nem condições de pensar em comprar um carro e que antes caminharia à casa de sua amiga em cinco minutos, agora, dela separado por uma via expressa, terá que caminhar muito mais, precisará dar uma enorme volta.

Preço do progresso?

Será mesmo progresso uma técnica tão ineficiente e insustentável, que não pode ser estendida a todos os cidadãos do

mundo? Que tem impactos ambientais tantos e tão severos que, se quiséssemos aqui enumerar e explicitá-los, nos obrigariam a outro trabalho da extensão deste? E que dizer do massacre que ele causa? Só no Brasil, passam de trinta mil por ano as mortes nas estradas e nas ruas. O número dos gravemente feridos e irremediavelmente incapacitados é um múltiplo de dez mil.* No mundo todo, as mortes causadas anualmente pelo carro concorrem com o número dos mortos na guerra do Iraque.**

Outro experimento mental: se a chacina de mais de cem mil pessoas e o múltiplo em feridos por ano nas estradas do planeta, ou mesmo apenas os dez mil no Brasil, acontecesse toda de uma só vez e em um só lugar e no mesmo dia, em vez de disperso no tempo e no espaço, o carro certamente já estaria abolido. Mas qual a diferença entre eu morrer e sofrer sozinho, ou em meio a uma massa anônima?

Mais uma vez, convém realçar que a situação atual não é fruto de conspiração consciente. É resultado de uma evolução descontrolada, na qual as decisões que fixaram caminhos desenvolvimentistas sempre, ou quase sempre, foram as decisões de quem se beneficiava

---

* No ano de 2005 foram registrados no Brasil, segundo o Departamento Nacional de Trânsito (Denatran), 25.427 mortos "*in loco*" em acidentes de trânsito, mas para o Ministério da Saúde, no mesmo ano, foram 34.381 mortos. Ambos os números não incluem pessoas que morreram após o acidente, fora do local onde o acidente ocorreu. O número de vítimas não fatais é quinze vezes maior, beirando em média os 400 mil/ano, a partir de 2004. (N.E.)

** Lutzenberger refere-se à primeira guerra dos Estados Unidos contra o Iraque, na administração de George Bush pai. Na segunda guerra, sob o comando de Bush filho, o jornal independente de medicina The Lancet, após pesquisa própria, divulgou que, desde a invasão do país, em março de 2003, até o final de 2004, morreram cem mil civis iraquianos devido à guerra. É um número assombroso, mas realmente pequeno se comparado ao número de pessoas vitimadas pelo trânsito, todos os anos, no mundo todo: 1 milhão e 200 mil mortos, 50 milhões de feridos (o que equivale à população somada de cinco das maiores cidades do mundo), segundo estimativas da Organização Mundial da Saúde e do Banco Mundial, que preveem um acréscimo global de sessenta e cinco por cento nesses números entre os anos 2000 e 2020, se medidas adicionais não forem tomadas – nos países fora do primeiro mundo, o número de mortes deverá ter um acréscimo de oitenta por cento no mesmo período (*Traffic fatalities and economic growth*. Washington, DC, The World Bank, 2003 – Policy Research Working Paper n. 3.035). No início de 2007, a OMS divulgou que os acidentes automobilísticos são a principal causa de morte, em todo o mundo, de crianças e jovens. Quase 400 mil jovens com menos de 25 anos morrem em acidentes de trânsito a cada ano. (N.E.)

com os gigantescos negócios da fabricação de automóveis, da extração, refinação e comercialização do petróleo, da construção da infraestrutura rodoviária, e assim por diante. Esse caudal sempre teve o apoio dos administradores públicos que nada questionavam, ao contrário, só reforçavam. A própria indústria automobilística introduziu retroação positiva, pelo *marketing*, em termos de carro como fator de *status*, e com a política da obsolescência planejada – o envelhecimento premeditado pela mudança prematura de modelo, mesmo sem avanço tecnológico, apenas pelo apelo de um *design* novo, e a não estandardização de peças e partes entre as fabricadoras e entre os próprios modelos da mesma fábrica.

A obsolescência planejada passou a ser aplicada a todos os produtos não perecíveis – eletrodomésticos, refrigeradores, eletrônicos, vestuário, e é uma das grandes mentiras tecnológicas.

Mas houve também algumas conspirações premeditadas. Está muito bem documentada a história da compra, para fechamento, das linhas de bonde nas cidades norte-americanas, nos anos 30 e 40 do século XX, pela General Motors. Inicialmente houve substituição por ônibus. Logo após deixou-se decair a qualidade do serviço dos ônibus e se fez campanha maciça para compra de carro particular. No início dos anos 60, o fechamento da empresa de bondes de Porto Alegre, no Rio Grande do Sul – a história da morte dos bondes em outras cidades brasileiras não conheço –, foi totalmente desnecessária, só prejudicou e aumentou violentamente a poluição do ar. Haja vista que as vias especiais que existiam foram mais tarde ajustadas aos ônibus e, recentemente, a autoridade metropolitana iniciou estudos para a volta de bondes...

Nos Estados Unidos, o bonde foi intencionalmente eliminado, para promover a venda de carros particulares.

Façamos mais um experimento mental. Imaginemos um esquema de transportes mais racional, mais eficiente, menos esbanjador de recursos não renováveis e que, no entanto, desse ao indivíduo praticamente a mesma mobilidade que tem o cidadão motorizado do primeiro mundo ou de nossas classes abastadas. Teríamos excelentes transportes públicos: bonde, ônibus elétrico, metrô, trem suburbano, trem rápido para longas distâncias, linhas aéreas. Nas estações estariam disponíveis, para uso público, como no caso dos carrinhos de bagagem nos aeroportos e gares, pequenos carros, compactos e sólidos, inclusive bicicletas, veículos feitos para durar, sem obsolescência planejada. Afinal, se um avião 737 pode voar, quase sem descansar, por mais de trinta anos, por que nossos carros atuais têm que ser sucateados em menos de dez? O cidadão usaria esses veículos públicos entre estação, casa e serviço. Com a informática moderna, o pagamento facilmente se faria por cartão de crédito ou algo parecido. No primeiro mundo já existem autômatos que recebem papel-moeda e dão troco. Tivéssemos uma moeda de verdade, já os teríamos também.

Vester, na Alemanha*, propõe uma variante menos eficiente em termos de materiais, mas igualmente eficiente em termos energéticos. Os carros seriam particulares, também compactos, sólidos e leves, suficientemente curtos para poderem embarcar lateralmente em vagões de trem. Hoje, o embarque longitudinal de carros em vagões leva horas. Com rampas especiais nas estações, o embarque lateral levaria apenas minutos. Para todas as distâncias maiores, o passageiro montaria com seu carro em trem, onde teria todos os confortos de um trem moderno, sem o perigo de morte das estradas de rodagem.

Novas ideias poderão surgir, mas temos que deixar opções abertas. **Se continuarmos, como no passado, deixando as decisões apenas aos tecnocratas, acabaremos sempre trancados por imposições técnicas intransponíveis.**

Os grandes investimentos, uma vez feitos, acabam irreversíveis. Se insistirmos no caminho atual, construirmos sempre mais fábricas de carros e rodovias, em detrimento de boas ferrovias e transportes públicos, a próxima crise energética, que é tão inevitável quanto a morte, nos pegará de surpresa. É claro que a indústria automobilística se oporá a qualquer sugestão no sentido de sistemas alternativos. Serão necessárias decisões políticas, como foi aquela do presidente Juscelino Kubitcheck, de trazer para cá as multinacionais do automóvel. Mas hoje, esta e outras indústrias, assim como as empreiteiras, bem que poderiam participar da construção de uma verdadeira

---

* Frederic Vester, bioquímico e ambientalista alemão, dedicou-se ao estudo da cibernética ou análise sistêmica dos processos, em contraposição à análise ou pensamento linear praticado até hoje pela maioria dos cientistas e tecnólogos. O pensamento sistêmico leva em consideração a interação e constante retroação entre todos os elementos que compõem um sistema. (N.E.)

e eficiente rede ferroviária, integrada com metrô e trens suburbanos, como na Alemanha.

Essas coisas não têm como acontecer de um dia para o outro. Mas é hoje que devemos começar a pensar que tipo de futuro queremos para nosso sistema de transportes, de modo que, muito em breve, possam ser tomadas as necessárias decisões políticas. Se os políticos não se derem conta de sua tremenda responsabilidade, os tecnocratas decidirão por eles, não necessariamente tendo em mente o bem comum.

Falando em imposições técnicas intransponíveis, vejamos Itaipu. Não deixa de ser uma obra impressionante, uma das grandes obras da humanidade, mais impressionante até do que as pirâmides do Egito. Mas terá sido a solução mais adequada? Hoje sabemos que teria sido bem mais barato, com menos impacto social e ambiental, uma solução descentralizada, com muitas barragens pequenas. Essa alternativa era conhecida na época. Mas por que não foi considerada? Porque outros interesses prevaleceram. Ainda devemos quase todo o custo da obra. Os juros crescem, aumentando nossa dívida externa. Mas agora não há volta. Uma imensa região depende de Itaipu. Só o que podemos fazer é diminuir o impacto, na medida do possível: finalmente restituindo terra aos colonos deslocados, que ainda perambulam; reflorestando as margens; manejando melhor os peixes de piracema, talvez fazendo, enfim, a necessária escadinha de peixes, que ainda não existe e que lá seria muito fácil fazer, mas que teria que ser protegida de predação.

Entretanto, antes de mais nada, devemos evitar cometer erros semelhantes no futuro.* Coisas piores já foram feitas após Itaipu – Tucuruí, Balbina, Samuel. Quem observar de perto Samuel e Balbina, e souber fazer contas, verá logo que aquelas obras não têm nenhum sentido energético, mas muito sentido para as empreiteiras e para políticos corruptos. Em Samuel, em Rondônia, temos novecentos quilômetros quadrados de floresta inundada, a maior parte com

---

* Na entrada do século XXI, novamente vieram à tona megaprojetos hidrelétricos, que propõem submergir enormes áreas de floresta amazônica, como nos rios Xingu e Madeira. E já foi submersa área com excepcional floresta de araucárias, na divisa entre Rio Grande do Sul e Santa Catarina, para a formação da hidrelétrica de Barra Grande. (N.E.)

tão pouca profundidade que as árvores ainda estão com três quartas partes fora da água. De avião, o lago se distingue não pelo brilho da água, mas pela cor parda das árvores mortas. Toda essa devastação – nem a madeira foi aproveitada – produz ridículos 90 megawatt, um quilowatt por hectare inundado, dois hectares por chuveiro elétrico. Em Balbina é pior. A biomassa da floresta representava muito mais energia, uma plantação de cana dá um múltiplo disso.

Uma severa objeção às grandes usinas hídricas ou atômicas que ainda não vi discutida em público tem a ver com segurança. Deixemos de lado o perigo que representaria para a Argentina um rompimento da barragem de Itaipu. Uma lição que poucos souberam aprender: durante a última Grande Guerra, na Alemanha, com todos aqueles bombardeios, as grandes cidades até 80% destruídas, a luz quase nunca apagou. Quando isso acontecia, era por pouco tempo. Como foi possível? É que não havia usinas gigantes, mas inúmeras pequenas, várias para cada cidade. Destruída uma usina pequena, as usinas vizinhas podem ajudar, e uma usina pequena se reconstrói em meses. A construção de uma Itaipu, de uma Angra, leva mais do que uma década. Hoje, imensas regiões, com raios de milhares de quilômetros, dependem das grandes usinas. Para que aconteça uma calamidade não haverá necessidade de guerra. O mundo está cheio de terroristas, inclusive daqueles dispostos a morrer. No que se refere às usinas nucleares, a bomba do inimigo já está na minha casa. Com mísseis e mesmo bazucas convencionais podem ser desencadeados super-Chernobyls. Alguns também poderão argumentar em sentido contrário. Um país que tem esse tipo de obra megatecnológica não mais pode pretender desencadear guerra, terá que ser muito pacífico, pois não tem mais defesa real. Mas permanece de pé o argumento do terrorismo.

Poucos se dão conta do perigo que significam para a segurança nacional as obras megatecnológicas.

Quanto ao abastecimento de energia, do ponto de vista social, de autonomia local, de adaptabilidade a condições locais e impacto ambiental, são sempre preferíveis sistemas descentralizados, com pequenas usinas, que podem ser de propriedade local, de pequenos empresários ou cooperativas, ou administradas pelo estado ou prefeituras. Melhor é o poder público local dar concessão e cobrar eficiência. A flexibilidade seria muito grande e a vulnerabilidade do sistema como um todo, muito menor. Poderia haver usinas hídricas de diversos tipos, com ou sem barragens, eólicas, solares, inclusive bombas e refrigeradores solares que dispensam qualquer usina. Em nosso país, temos a biomassa que, se judiciosamente usada, pode ser fonte inesgotável de energia, por combustão direta, biogás, pirólise, carvão vegetal, retortas, motor Sterling. Em nossa enorme costa, poderíamos experimentar o aproveitamento da energia de marés e de vagas, desde que os esquemas fossem também pequenos e descentralizados. Uma fração do dinheiro gasto nas grandes barragens e usinas nucleares poderia pagar pesquisa significativa nessas áreas. Quando os coletores fotovoltaicos se tornarem mais eficientes e mais baratos, com baterias igualmente mais eficientes e econômicas, cada moradia, em nosso clima ensolarado, poderia ser autossuficiente em eletricidade. Por que não promovemos a necessária pesquisa nessa direção e pensamos em esquemas tarifários e fiscais para economia de energia? O Brasil poderia e deveria ser líder mundial nesse campo. Nos Estados Unidos, o *Rocky Mountain Institute*, de Amory Lovins, talvez a pessoa que no mundo mais estudou a questão energética, já fez e continua fazendo excelente pesquisa em tecnologias solares, toda ela com enfoque descentralizado. Se não seguirmos exemplos como esse, em breve teremos, mais uma vez, perdido o trem da história, estaremos pagando onde poderíamos estar cobrando.

Se soubermos aproveitar eficientemente e de maneira descentralizada nosso potencial energético, em sua multiplicidade de formas, não teremos por que temer uma crise energética.

Em termos de biomassa como fonte de energia, já temos o álcool, que é um sucesso relativo, pois poderia ser enormemente melhorado, caso partíssemos, nas lavouras de cana, para métodos regenerativos em vez dos métodos predatórios de hoje. Não mais queimando o canavial para a colheita, utilizando a folha seca como cobertura morta e controle de ervas, aplicando o vinhoto sobre elas, complementando essa adubação orgânica com as cinzas das fornalhas do engenho, aproveitando as sobras de bagaço que não vão para a fornalha para preparar ração para gado, com as pontas verdes das hastes não queimadas, levando o esterco para biodigestores para produção de biogás, o que liberaria mais bagaço para o gado, produzindo um dos melhores adubos orgânicos, o biofertilizante líquido, que iria com o vinhoto... Em um esquema assim, o álcool acabaria sendo um subproduto de uma enorme produção de carne... O boia-fria teria emprego mais remunerador, e não mais apenas sazonal, e, sobretudo, mais salubre e mais diversificado. Os solos se recuperariam, com microvida ativa e ao abrigo da erosão, e haveria a economia dos insumos caros, os herbicidas, agrotóxicos e adubos sintéticos solúveis. Esquema organicamente integrado como esse poderia também funcionar tendo por base o girassol e outras oleaginosas, para substituir óleo diesel.

Aliás, na realidade, o Pró-Álcool foi concebido menos para resolver um problema energético do que para subsidiar os barões do açúcar, quando os preços do açúcar no mercado mundial estavam baixos. O gargalo nos combustíveis para transporte estava no diesel, não na gasolina. Gasolina estava sobrando, tinha para exportação. Por isso, as montadoras de automóveis não queriam fazer os grandes investimentos para motores a álcool. Se amanhã tivermos que deixar todos os nossos carros particulares na garagem, poderá até ser salutar para muitos, mas se faltar diesel, pararem nossos caminhões, vamos passar fome, nossas cidades entrarão em colapso. Bem melhor teria sido um pró-oleaginosas.

Já que os engenhos de álcool foram tão intensivamente subsidiados, e continuam tendo dívidas reescalonadas, vantagens que outros empresários não têm, por que não impulsioná-los nessa direção? A vantagem será deles em primeiro lugar.

Incentivos levam sempre ao imediatismo, quase sempre destrutivo, quando não levam diretamente à corrupção. Sempre constituem injustiça social, dão privilégios a uns poucos e prejudicam a maioria. Essa lição é tão velha que não mereceria ser mencionada, não fossem as sempre renovadas tentativas de reintrodução ou criação de novos incentivos. Isso não é privilégio nosso, dos brasileiros. Já mencionamos o descalabro dos subsídios agrícolas no Mercado Comum Europeu.

Incentivos são quase sempre má economia, péssima ecologia e grande injustiça social.

No incentivo fiscal para reflorestamento, felizmente já extinto, ficou muito clara essa relação. É preciso que cuidemos para que os projetos de reflorestamento na Amazônia, como em Carajás, por exemplo, não venham a cair no mesmo erro. A visão política do reflorestamento na década de 70 era perfeitamente tecnocrática. Só tinham acesso ao incentivo as pessoas financeiramente fortes e empresas, de preferência grandes. Os milhões de colonos do sul, em Santa Catarina, Rio Grande do Sul e Paraná, ficaram automaticamente excluídos, pois a área mínima aceita para projetos era de 1.000 hectares, quando a maioria dos colonos tem entre 10 a 50 hectares. Mas eles demonstraram o absurdo da política adotada na ocasião. No Rio Grande do Sul, desfrutavam do incentivo grandes empresas de celulose e de tanino. Essas empresas teriam feito suas gigantescas plantações florestais de qualquer maneira, com ou sem incentivo, como continuam fazendo agora, pois é a matéria-prima de que dependem. O incentivo só lhes engrossava os balanços. Mas, por ser bom negócio, no sul, plantar eucalipto e acácia, dezenas de milhares de colonos plantam sem um tostão de ajuda do governo. Fazem plantios de poucos hectares, até meio hectare ou menos, e é melhor do que depositar dinheiro no banco. Por outro lado, gente que nada tinha a ver com agricultura ou floresta, aproveitando o incentivo, plantou mais de 90 mil hectares de pínus na restinga da região de Mostardas. O negócio era simples. O IBDF (Instituto Brasileiro de Desenvolvimento Florestal), órgão encarregado do governo, concedia certa soma por hectare; os tomadores do dinheiro conseguiam plantar por muito menos; e a diferença era lucro embolsado na hora. Essas florestas estão lá, não foram manejadas, não houve desbaste, o perigo de perda total por fogo é enorme. Ninguém mais se interessou por elas. O governo do estado do Rio Grande do Sul pagou 300 mil dólares a uma empresa finlandesa para fazer estudo de viabilidade econômica para uma grande fábrica de celulose. Não adiantou, as grandes empresas não viram interesse. Mas ninguém se lembrou de promover pequenas indústrias de madeira. O pínus se presta para fabricar móveis, estilo escandinavo. Muita gente, os "pequenos", poderia ganhar a vida como empresário autônomo, fazendo coisas belas, manejando os bosques de maneira sustentável. Os retalhos poderiam até ser usados em pequenas empresas de celulose, por exemplo, de pasta mecânica, sem poluição, com resíduos orgânicos interessantes para a agricultura. Em outras partes do Brasil, especialmente no nordeste, a coisa foi pior. Os gaúchos pelo menos plantaram bosques, no Nordeste muita gente pegou o dinheiro do contribuinte e nem plantou nada. Até hoje ninguém foi punido.

O reflorestamento, naquele esquema, causou violenta devastação, uma vez que só se "pensava grande". Os plantios eram feitos por empresas especializadas, que tomavam o dinheiro de muitos indivíduos ou empresas, e as áreas plantadas eram sempre de dezenas e até centenas de milhares de hectares. Onde encontrar extensões tão grandes e contíguas? Só nas últimas selvas! Derrubava-se, então, floresta nativa e outros ecossistemas intactos, para fazer plantios em monocultura de eucalipto, pínus, acácia e mesmo araucária. Aqueles noventa mil hectares no Rio Grande do Sul, antes mencionados, destruíram preciosos ecossistemas de restinga. Por outro lado, quando o colono planta seu matinho de eucalipto ou acácia, ele escolhe seu pior pedaço de terra, onde já não dá nem mandioca, ou ele planta na ribanceira e na vossoroca. Está fazendo trabalho ecologicamente bom e não pede ajuda de ninguém.

Sempre teremos de fazer plantios arbóreos, grandes e pequenos, para recuperar capa vegetal e para fins utilitários: celulose, papel, combustível, material para construção, móveis, resinas. Mas esses plantios terão que ser feitos com muito critério, levando em conta os equilíbrios naturais e a proteção da diversidade biológica, de maneira a integrar e complementar utilidade com sustentabilidade. Já temos no Brasil alguns exemplos de grandes plantios arbóreos com essas características, mantidos por empresas de celulose, no sul do país.*
Esses bosques têm o aspecto de grandes mosaicos, onde os plantios comerciais, em monoculturas de diferentes idades, estão inseridos em matas naturais intactas ou em recuperação, especialmente junto aos corpos e cursos d'água e nas encostas muito íngremes. Sobrevivem também outros ecossistemas: banhados, páramos, restingas ou formações naturais como falésias e afloramentos rochosos. Nessas

---

* Na época em que o autor redigiu esse texto, ainda não se havia iniciado no Rio Grande do Sul e sul da América do Sul a movimentação de várias grandes transnacionais da celulose, buscando introduzir lavouras arbóreas em centenas de milhares de hectares no bioma Pampa. Embora universidades e órgãos oficiais ligados ao meio ambiente façam estudos e busquem disciplinar a atividade, existe um receio generalizado entre ambientalistas e mesmo alguns governos quanto a prejuízos ecológicos, sociais e econômicos para a região. (N.E.)

condições, com aproximadamente trinta por cento da área em natureza deixada a si mesma, sobrevive e encontra-se protegida a fauna e sobrevivem as espécies vegetais endêmicas (entre elas, orquídeas, bromélias, cactáceas, velósias e outras). Espécies endêmicas, vegetais ou animais, são espécies de distribuição muito limitada que, por isso, facilmente sucumbem à intervenção humana e se tornam extintas.

A recuperação florestal que devemos fazer nas áreas devastadas da Amazônia, como em Carajás, por exemplo, terá que ser desse tipo. Mas ainda antes é preciso achar maneira de frear um escândalo, ligado à devastação florestal, indigno de país que se diz civilizado. Ainda grassa violentamente entre nós a exploração predatória, o saque, que fazem nossas siderurgias nas florestas de cerrado, cerradão, Amazônia e mesmo Floresta Atlântica. Mesmo em empresas de renome internacional, mais da metade do carvão vegetal consumido nos fornos vem de florestas naturais. A proporção de lenha proveniente de plantios próprios raras vezes alcança 30% do total consumido. Uma questão social agrava essa devastação ecológica. Os primitivos fornos de carvão vegetal só são "econômicos" porque usam um tipo de trabalho que não merece outro nome se não o de trabalho escravo, um trabalho extremamente duro, desgastante, totalmente insalubre e vergonhosamente malpago. Se ainda há os que se submetem a esse tipo de escravidão, é porque ainda predomina, nesta terra, uma chocante injustiça social.

Predação e saque florestal, indignos de país civilizado, é o que ainda fazem nossas siderurgias.

Além de consciência ambiental, essas firmas terão que desenvolver consciência social. Não adianta insistirem no argumento de que não são elas que derrubam e que escravizam, que apenas compram o que lhes é trazido. É uma falácia que não pode mais ser tolerada. Se o carvão que lhes é trazido de caminhão, de distâncias que vão até além de dois mil quilômetros, ainda lhes resulta barato, é justamente por causa dessa escravatura.

A maneira como é produzido esse carvão também é de extrema ineficiência energética. Até mais de 60% da energia contida na lenha se perde na fumaça. Em retortas, tecnologia do século passado, bem conhecida das siderurgias, a maior parte dessa energia ficaria retida e poderia ser aproveitada, como combustíveis gasosos, líquidos e pastosos (alcatrões e piches). Por que insistir nos primitivos fornos, uma tecnologia medieval, remontando à idade do bronze? Porque é tão fácil explorar pobreza!

Não é lícito falar da poluição da miséria, se a miséria quem faz são os que dela se aproveitam.

Voltando aos trabalhos florestais, fundamental é evitar certas confusões semânticas. A palavra "reflorestar" deveria limitar-se àqueles esquemas em que se permite a recuperação da floresta natural, em toda a sua complexidade e diversidade biológica. Os esquemas comerciais e utilitários deveriam simplesmente chamar-se "plantios florestais", o que em nada os desmerece ou desclassifica. Eles são tão necessários como o são os plantios de batata, soja, milho ou cana.

Quanto ao manejo da floresta virgem para exploração madeireira, devemos repensar fundamentalmente as práticas e políticas atuais. O chamado manejo florestal ainda aceito pelo Ibama (Instituto Brasileiro do Meio Ambiente), baseado em leis obsoletas, é pura farsa, seu resultado final, se não houver mudanças, será o mesmo que aconteceu com a grande, hoje falecida, floresta de araucárias no sul. Na década de 40, essa floresta, um dos grandes biomas do Planeta, estava intacta. O Instituto do Pinho, do qual nasceu o IBDF (que por sua vez deu origem ao Ibama), foi criado para, supostamente, protegê-la com exploração sustentável. Na prática, foi exatamente o Instituto do Pinho que presidiu o desaparecimento dessa maravilha da Criação. Um manejo florestal realmente sustentável terá que levar em conta não somente a sustentabilidade na produção de madeira, mas terá que respeitar a integridade do ecossistema. Assim, se em uma determinada floresta forem retirados todos os gigantes centenários, na suposição de que isso dá lugar ao crescimento de árvores novas, como estão propondo alguns de nossos administradores públicos e como querem aqueles que tiram proveito imediatista da floresta, o ecossistema ficaria seriamente avariado, truncado. Todo biólogo que conhece de perto a *Hylea* sabe que parte importante da diversidade biológica se encontra no alto das árvores velhas, que abrigam verdadeiros jardins aéreos em suas copas. Além de complexos, esses jardins variam às vezes de uma espécie de árvore a outra. Se desaparecerem todos os velhos gigantes, não sobrará nem semente para colonizar as árvores novas quando elas, décadas ou séculos mais tarde, tiverem altura e copa suficiente para abrigar aquelas orquídeas, bromélias, samambaias, peperômias, *rhipsalis* etc., e toda uma imensa fauna que delas depende.

Por isso, jamais poderemos permitir concessões para corte raso. A colheita de velhas árvores terá que ser muito seletiva, levando em conta a taxa de crescimento e a longevidade de cada espécie, assim como fatores fitossociológicos. Se o manejo sustentado de uma floresta europeia ou norte-americana, com suas duas ou três dúzias de espécies arbóreas e sem epífitas já é complicado, como podemos querer manejar a *Hylea*, com milhares de espécies arbóreas e número ainda maior de herbáceas e epífitas*, com a brutalidade com que normalmente o fazemos. O certo agora seria uma moratória e muita pesquisa, até que tenhamos condições para trabalho racional. Se isso contribuir para um aumento no preço da madeira no mercado mundial, tanto melhor – para nós e nossos filhos.

Se quisermos ser um país realmente moderno, teremos que abandonar de vez as formas de uso predatórias e as tecnologias de saque à natureza.

O fato de ainda hoje estarem os norte-americanos nos estados do Oregon, Washington e Alaska, e os canadenses na British Columbia, com incentivos estatais, fazendo távola rasa de magníficas florestas temperadas úmidas, não justifica as *nossas* atitudes devastadoras. Se tanto defendemos a Amazônia como "nossa", não poderá ser para que nós a possamos destruir, como a criancinha que se agarra à sua boneca para que outras crianças não a toquem e, depois, tranquilamente lhe arranca a cabeça.

Fato interessante: no sul do país algumas das empresas que cresceram com o saque da floresta de araucárias, levando-a à sua virtual extinção, agora, em seus plantios de pínus ou eucalipto, demonstram comportamento bem diferente. Na floresta nativa, que não lhes pertencia, para cuja existência nenhum mérito tinham, a exploração era predatória e esbanjadora. Aproveitavam apenas a nata da madeira, destruíam o resto. Agora, nos plantios próprios, aproveitam

---

* Plantas que vivem sobre outras plantas, geralmente árvores, sem lhes retirar nutrientes, apenas apoiando-se nelas. As orquídeas e as bromélias são plantas epífitas, não parasitas, como usualmente se acredita. (N.E.)

tudo, madeira para tábuas, costaneiras, retalhos para celulose, casca, galharia e serragem para as fornalhas, colhem até a resina dos pínus. A cada ano replantam bastante mais do que consomem. Tivesse prevalecido essa atitude no passado, a magnífica floresta de araucárias ainda estaria aí. Temos que encontrar maneiras de propiciar que haja proprietários *gestores* para os recursos naturais. O que é visto como sendo de todos acaba sendo devastado por todos, ninguém se sente responsável.

Se isso se aplica à floresta, igualmente deve aplicar-se à fauna. Na África existem belos e eficientes exemplos de manejo de fauna, com preservação e recuperação dos respectivos ecossistemas – e com maior lucro para os fazendeiros do que obtêm os primários esquemas de fazendas de monocultura de gado, onde ocorre eliminação das comunidades florísticas locais, como nós ainda fazemos no cerrado brasileiro.

Se quisermos evitar o que está acontecendo na Indochina, Malásia, Indonésia, Filipinas, Nova Guiné e em partes da África, não mais poderemos permitir a exportação de toras brutas. Já hoje, mais da metade da madeira abatida na Amazônia é exportada, legal ou ilegalmente. Ecologicamente, é um desastre. À medida que se esgotarem as florestas tropicais daqueles países, a pressão e a corrupção alcançarão níveis insuportáveis e incontroláveis. Socialmente, é imbecil exportar empregos. Quando tivermos um controle florestal racional e sustentável, então, sim, poderemos tornar-nos grandes exportadores de *madeira cortada* e de móveis e utensílios de madeira de alta classe, a preços que pagarão todo o esquema de proteção e recuperação florestal, com manutenção de centenas de milhares de empregos, humanamente desejáveis e significativos. Aqueles que hoje gritam – "cuidado com a internacionalização da Amazônia" – é que querem abrir as portas à predação, acusando de servir às potências estrangeiras quem quer apenas proteção e uso racional. São exatamente aqueles que abrirão as portas à entrega total, se tiverem sucesso.

Poderíamos levantar uma lista sem-fim das atitudes e políticas tecnológicas que hoje desencadeiam a gigantesca devastação de todos os sistemas vivos e de sustentação de vida do Planeta, especialmente no campo do esbanjamento irracional de recursos finitos irrecuperáveis e do centralismo da megatecnologia, dos cartórios e monopólios, das mentiras tecnológicas, das fraudes e das expropriações veladas da verdadeira riqueza do povo. Mas vamos terminar com uma última metáfora.

A maneira como hoje nós, brasileiros, *consumimos* este outrora tão belo país, e a maneira como a moderna sociedade industrial, em sua fase decadente de sociedade de consumo, trata a Terra, só tem paralelo com o comportamento do ladrão que conseguiu arrombar um palácio. Já no saguão de entrada, ele se vê deslumbrado pela quantidade, a variedade, o brilho das preciosidades ali expostas – cristais, prataria, ouro, mármore, pinturas. O deslumbramento ofusca-o tanto que agarra um objeto, se concentra noutro, deixa cair e espatifar-se o primeiro, pega o segundo, a cena se repete, volta a repetir-se com intervalos sempre mais curtos. Já quase escangalhou tudo na primeira sala, mas pela porta vislumbra mais riquezas na sala seguinte, a orgia se repete de sala em sala, com sempre mais relaxo e descaso. Já se encontra agora no grande e majestoso salão de festas, com seus vitrôs, esplêndidos candelabros e luminárias de cristal. Derruba estátuas, arrebenta baús, até mete facão nos quadros para ver o que há atrás das telas, cego de alucinação...

Essa imagem não é minha. Com enfoque positivo, ela saiu da pena de um grande tecnocrata americano, contestando preocupação ambientalista diante da devastação de recursos. Ele queria com isso dizer que não haveria por que nos preocuparmos com o esbanjamento, visto que sempre haveria novas salas, cheias de novas a ainda nem sonhadas riquezas... Que miopia.

A reação que se verificou contra a demarcação da terra dos ianomâmis, em novembro de 1991, demonstra quantos são os que, especialmente em posição de poder – administrativo, tecnocrático e militar –, mantêm exatamente essa visão do mundo. Queixam-se por se verem limitados em sua expectativa de ampliação do vandalismo.

Texto concluído no final de 1995.

Capítulo II

Crítica ecológica do pensamento econômico predominante

O nosso planeta, o planeta Terra, Gaia, é fundamentalmente diferente dos demais planetas que conhecemos (ainda não conhecemos nenhum planeta fora de nosso sistema solar). Quem já se aprofundou na questão, sabe que em Mercúrio, Vênus e Marte, nos asteroides, em Júpiter, Saturno e Urano, nos planetas longínquos Netuno e Plutão, nas dúzias de luas de todos esses planetas, inclusive na nossa, assim como nos remotos cometas que de tempos em tempos de nós se aproximam, não pode haver vida. Mesmo supondo outras formas de vida, talvez em âmbitos de temperaturas diferentes e baseadas em química diferente, o que é muito improvável, podemos afirmar que nesses corpos celestes não há vida. Não adianta revolver pedras e escavar solo à procura de algo parecido a bactérias ou liquens, como fizeram as naves não tripuladas da NASA.

Como podemos estar tão seguros disso? Tão seguros quanto estamos seguros de que não encontraremos rios e arroios que sobem montanhas! Já conhecemos o suficiente desses planetas e luas, suas atmosferas ou ausência de atmosfera, para termos tido condições de constatar que todos eles se encontram em um equilíbrio químico praticamente estático. Mas vida, seja qual for a sua forma ou química, pela imprescindível reciclagem de seus recursos, transforma todo um planeta em um sistema dinâmico integrado, em uma unidade funcional biogeoquímica com equilíbrio de fluxo, muito longe e diferente do equilíbrio químico estático que se estabelece em um planeta sem vida.

A Terra é assim. Nosso planeta tem metabolismo, tem fisiologia própria. A Terra, Gaia, é um planeta vivo. Os demais planetas de nosso sistema são mortos, ou melhor, nunca chegaram a viver. Um astrônomo extraterrestre, que das proximidades do sistema solar pudesse observar e comparar nossos planetas e, com análise espectral, determinasse a composição de nossa atmosfera, muito admirado ficaria ao encontrar oxigênio livre em mistura com nitrogênio, com traços de metano, amoníaco e outras complicações mais. Uma mistura extremamente improvável e não sustentável, uma mistura que, se deixada a si, acabaria caindo em um equilíbrio químico comparável ao que existe na atmosfera de Vênus. Se esse astrônomo tivesse o hábito de pensar ecologicamente, saberia logo que estaria diante de um planeta vivo.

Em Gaia, o grande conjunto integrado de atmosfera, hidrosfera e litosfera, acionado pela energia que nos vem do Sol e orquestrado pela biosfera com suas milhões de espécies, do vírus à sequoia, do paramécio à baleia, incluindo a nossa hoje tão descontrolada espécie, funciona como funcionam os organismos vivos, com homeostase, isto é, autorregulação própria, em um nível de complexidade que transcende montanhas, mares, florestas e campos ou pântanos, fluxos aéreos ou rios. Assim como é com o ser humano: nossa individualidade transcende as células de nossos tecidos, nossos órgãos, hormônios, nossa circulação e respiração.

Ecologia é isso. Vai muito além de abelhas e flores; plantas, microvida e solo; presa e predadores ou parasitas e hospedeiros. Ecologia é a visão holística dessa globalidade funcional. Ecologia é o estudo da fisiologia de Gaia.

Em termos de severa e limpa disciplina científica, a ecologia devolve-nos uma visão que nossa cultura ocidental perdeu em suas origens, nos tempos bíblicos. De lá nos veio uma cosmovisão antropocêntrica reducionista – mas a exceção somos nós, nossa atual civilização. Praticamente todas as cosmovisões anteriores à visão judaico-cristã e muçulmana, intuitivamente, mesmo quando primitivas e rudimentares, eram interpretações holísticas do mundo.

O reducionismo que predomina hoje nas disciplinas científicas, a especialização e a superespecialização que predominam entre os cientistas e técnicos, o horizonte estreito e cada vez mais estreito da quase totalidade dos professores universitários e mesmo da maioria dos filósofos, que muitas vezes ignoram e mesmo desprezam as ciências naturais, fazem com que esta nova, porém tão vetusta, visão holística ainda seja ignorada, rejeitada e até combatida pela quase totalidade dos formadores de opinião e tomadores de decisões.

Daí que o pensamento econômico predominante ainda considere as questões ecológicas como "externalidades" da economia – uma total inversão dos fatos.

É como se, na medicina, a fisiologia fosse vista como uma externalidade da endocrinologia. Aliás, na própria biologia já houve autoridades em genética molecular a postular que os organismos vivos, em toda a sua complexidade, não passam de artefatos produzidos pelos genes para sua autoperpetuação (DAWKINS, Richard. *The Selfish Gene*, Oxford University Press/1976).

Se a economia é o estudo dos negócios humanos, isto é, dos intercâmbios entre humanos – criação e distribuição de riqueza e recursos nas comunidades e sociedades –, só a alienação predominante em nossa cultura pode fazê-la esquecer-se de que a economia não passa de um capítulo da ecologia.

Este é um ponto central: a economia é um capítulo da ecologia.

Os negócios da Natureza incluem os negócios humanos e são por eles afetados, assim como um organismo pode incluir um tumor cancerígeno e é gravemente por ele afetado. Com isso não quero dizer que a espécie humana seja essencialmente um câncer no seio da Natureza, como foi postulado por alguns, por falta de perspectiva histórica. Na maior parte de nosso real passado, que abarca pelo menos dois milhões de anos, não o éramos, e algumas poucas culturas indígenas que ainda sobrevivem intactas, não o são. Mas a moderna cultura industrial agora assim se comporta.

Em entrevista à revista semanal *Veja* (edição 1.214, de 25/12/1991), John Naisbitt, autor do *best-seller Megatrends*, com seu otimismo sem limites, extrapolando *ad infinitum* o que hoje chamamos de desenvolvimento e prevendo prosperidade sempre maior em todos os países do mundo, nos deu um exemplo gritante do total divórcio entre esse tipo de pensamento econômico e a Natureza. Ela é simplesmente ignorada, não obstante serem naturais todos os recursos que usamos, manipulamos, esbanjamos e destruímos. Voltando à imagem do tumor, é como regozijar-se com a prosperidade do tumor que cresce e cresce, e não enxergar que ele está matando o organismo às custas do qual se desenvolve. Acabarão morrendo juntos. A essência desse pensamento pode ser representada pelo seguinte diagrama:

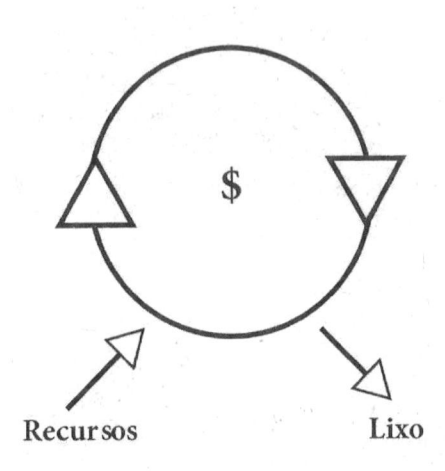

Recursos   Lixo

O fluxo circular e fechado do dinheiro aciona um fluxo aberto, unidirecional de materiais, entre dois infinitos. De um lado, estoques infinitos de recursos, do outro um buraco sem fundo, onde podemos lançar todos os nossos lixos, detritos, resíduos e fumaças. É claro que se admite que determinados recursos – o petróleo, por exemplo, – são finitos, mas postulam-se substituições sucessivas sem-fim: argumenta-se que temos ainda carvão para séculos; após a energia de fissão simples virão os reatores regenerativos, depois a fusão; e nunca faltará energia solar. Quanto ao buraco, quando não houver mais lugar para aterros, contaminação, injeções geológicas, emissários marinhos, faremos mais incineração. Já foi até proposta destruição por explosões nucleares subterrâneas ou lançamento para o espaço. A técnica sempre achará solução. A moda atual é falar de tecnologias ambientalmente limpas e novas soluções tecnológicas para os problemas ambientais que nos afligem no momento. Os carros serão elétricos, os agrotóxicos deixarão de ser tóxicos, os rios serão despoluídos, bancos genéticos preservarão a diversidade genética... Enfim, não há por que preocupar-se: a técnica sempre achará soluções e remédios. O economista, portanto, que em geral de técnica e ciência nada entende, poderá limitar sua atenção àquele primeiro fluxo, esse sim fechado, o fluxo do dinheiro, que é o que impulsiona o fluxo linear dos recursos.

Esse modelo está em contraposição diametral com as leis básicas do funcionamento dos sistemas vivos. Só um modelo tão desvinculado da realidade da Vida pode permitir a aceitação e manutenção do dogma, hoje quase universalmente aceito por economistas, tecnocratas, políticos e administradores públicos, o dogma da necessidade indefinida do "crescimento econômico", da maneira como ele é hoje definido e medido. Afinal, se estamos diante de um fluxo que vai de um infinito a outro, nada impede que continue engrossando eternamente.

Mas, se após 3,5 bilhões de anos de evolução, diversificação, integração e aperfeiçoamento, a vida ainda não se acabou, se aqui está, pujante, se ainda consegue reparar grande parte dos estragos que nós lhe causamos, é porque ela não faz o que nós fazemos. A Vida não consome recursos para fazer lixo. A Vida sempre se baseou na reciclagem perfeita de todos os materiais que utiliza, da terra, do mar e do ar.

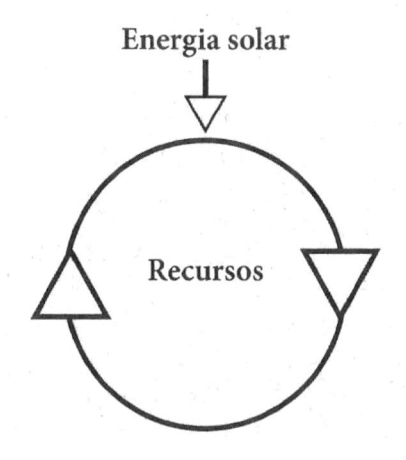

Energia solar

Recursos

O diagrama do funcionamento básico dos sistemas vivos é um fluxo circular, fechado, de recursos limitados, acionado por um fluxo linear aberto, o fluxo da energia solar. Este último é praticamente ilimitado no tempo, durará enquanto durar o Sol, mais uns 5 bilhões de anos apenas, mas é estritamente limitado em sua densidade. Jamais poderemos engrossar ou multiplicar esse fluxo. Aqui em nossa órbita, a uns 150 milhões de quilômetros de distância do Sol, nos chegam cerca de mil watts por metro quadrado, disso não pode passar. É por isso que tecnocratas e burocratas não gostam muito de investir em energia solar. Na energia solar não podemos desfalcar o futuro, como fazemos com o petróleo, o carvão, a energia nuclear e os recursos minerais. É usar ou deixar de usar, na hora, e são muito limitadas as possibilidades de concentração.

Ao usar a energia solar, não podemos saquear as próximas gerações.

Não seria nada mau se nas escolas de economia houvesse um exame de admissão muito severo, para avaliar conhecimento em ciências naturais, com ênfase em uma visão ecológica global e com perspectiva evolutiva. Não só os economistas, todos deveríamos ter a visão do grande panorama do processo que nos deu origem. A concentração nos aspectos monetários tem levado a consequências muito graves no mundo real, leva a uma série de falácias e conduz à cegueira diante dos estragos.

Vejamos.

Costumamos dizer que somos uma cultura materialista. Allan Watts, filósofo budista americano, mostrava que mais merecemos o qualificativo de abstracionistas. Estamos mais interessados em números do que em coisas. O artesão tradicional fazia coisas. Boas coisas, duráveis, belas, com amor, com arte. Hoje, em sua quase total maioria, o industrial, o empresário, faz dinheiro. Objetos que deveriam ser os mais sólidos possíveis, duráveis, reparáveis, são planejados dentro da filosofia da obsolescência planejada, para que durem menos tempo, para que não possam ser reparados. Quanto mais cedo forem enviados ao lixão, melhor. Ao fabricante, o que interessa não é mais o melhor, o mais eficiente e durável, o que melhor atenda às reais necessidades humanas. Interessa o faturamento. Montam-se gigantescos e sofisticados aparatos de publicidade e de *marketing* para induzir necessidades artificiais. O próprio agricultor já não está interessado em produzir comida boa, saudável, limpa, farta, diversificada, em fazer comunidades aconchegantes, paisagens acolhedoras, está interessado no *cash crop*, na cultura que fatura o máximo. O nosso plantador de soja não quer saber se sua soja alimenta brasileiros famintos ou se alimenta vacas gordas no Mercado Comum Europeu, vacas que produzem gigantescos excedentes de leite e manteiga, para cuja disposição ou destruição o contribuinte daqueles países já arca com mais de 40 bilhões de dólares anuais. Não quer também saber quantos brasileiros foram marginalizados pelo seu tipo de agricultura e que estão hoje famintos na favela, ou que estão derrubando selva como agricultores migrantes ou como garimpeiros. Por isso, enquanto a soja permite bom faturamento, ele corta pomares e arrasa até cemitérios para plantar um pouco mais... Um quadro comum no Rio Grande do Sul.

Dentro dessa mesma visão abstracionista, gente que já tem enormes fazendas ou indústrias, fortunas gigantescas, vai à Amazônia derrubar dezenas de milhares de hectares de floresta. Queimam tudo, como se aquela floresta não tivesse valor nenhum, para faturar no subsídio, ou no incentivo fiscal, como acontecia até 1989. Ninguém está pedindo a escassa e insustentável produção de carne que dali resulta. Pequenos aumentos de eficiência nas fazendas já existentes, no sul e centro, renderiam muito mais. Aliás, a maioria dessas fazendas na Amazônia nem na produção de carne está interessada. O que empurra essa loucura é a especulação fundiária. Não há nenhuma urgência econômica da Nação. É puro afã de riqueza adicional de gente que já tem demais.

Às vezes não é nem afã de riqueza adicional: é ideologia.

Quando eu era jovem, visitei repetidas vezes a fazenda de um primo meu, homem já idoso, com carreira de sucesso na indústria. A fazenda era para ele um brinquedo, lugar para passar fins de semana. Situava-se na baixada costeira do nordeste do Rio Grande do Sul. Durante minhas primeiras visitas a esse sítio, eu me extasiava observando e estudando a diversidade florística dos ecossistemas locais, ainda quase intactos. O que mais me atraía era um pequeno bosque de inigualável beleza. Era o tipo de ecossistema, já raro na região, de onde se originou a tão disputada orquídea *Laelia purpurata*, naquele tempo já quase exterminada pelos colecionadores. Nunca tinha visto bosque tão rico em orquídeas, dezenas de espécies, e com enorme variedade de outras epífitas. Uma única outra vez em minha vida vi algo parecido em riqueza e beleza de epífitas, foi no Equador, em um flanco andino na nascente de um afluente do Amazonas.

Um dia voltei à fazenda. O bosque não existia mais. Fora derrubado, arrasado. Tudo queimado em coivara. Em seu lugar, uma lavoura de milho. "Meu Deus, o que fizeste?", perguntei ao tio. E ele explicou: "Mas é que eu já estava passando vergonha... Esta área improdutiva, não podia deixá-la assim".

Ele não necessitava de mais dinheiro, nem precisava do milho. Mas não suportava ver um "matagal improdutivo" na casa da fazenda...

O Instituto Nacional de Colonização e Reforma Agrária (INCRA) está bem dentro dessa visão do mundo, quando taxa as áreas silvestres em propriedades agrícolas, o que teve como consequência muita devastação fortuita.

Tudo isso é o contrário de materialismo. Para ver crescer números em livros, ou para atender certas ideias, se destrói, se demole, se degrada, se vandaliza irremediavelmente belos e valiosos complexos materiais que a Vida, em sua paciente evolução, levou milhões de anos para criar. Isso é abstracionismo.

Quem conhece física moderna sabe como é ridículo que se queira dar sentido pejorativo, de coisa vil, sem conotação moral, à expressão "materialista". Quanto mais nos aprofundamos na matéria, quanto mais estudamos e penetramos o átomo, o mundo subatômico, quanto mais nos aprofundamos na química, especialmente a bioquímica e todos os processos vitais, na geologia e, no outro extremo, em cosmologia e cosmogonia, mais nos damos conta do incrivelmente esotérico, do divino que é o universo material. Ridículo, primitivo, vulgar é o abstracionismo de nossa atual cultura.

Uma das consequências mais perniciosas desse abstracionismo é que, ao contrário do que sempre acontece na Natureza, ele não conhece limites.

Quando lidamos com coisas materiais, os limites estão sempre à vista. Na minha refeição matinal posso tomar uma, duas, talvez três, em raros casos quatro xícaras de café, mas não posso nem pretender tomar cinquenta, cem ou duzentas. Se estou lidando com números, entretanto, não há limites. O madeireiro se empolga com os números crescentes em seus balanços, por isso tira o que pode, derruba o que estorva no caminho, para chegar aos últimos troncos de mogno, que lhe dão o melhor faturamento, avança na floresta remanescente enquanto pode. Se ele, ao invés de números, se empolgasse com a floresta, como se empolga o naturalista, seu comportamento seria bem outro.

Essa visão, que põe faturamento acima de tudo, é a atitude mais diabólica que já apareceu na história humana, é o instrumento mais feroz de nossa atual destrutividade. Além de repousar na falácia do abstracionismo – números acima de coisas, economicidade definida em termos de dinheiro e não de serviços concretos prestados à sociedade –, repousa em uma confusão fatal, deliberada de um lado, consentida do outro. Quando um empresário diz: "isto não posso fazer, não é econômico", como quando se nega a instalar estação de tratamento para purificar seus efluentes antes de entregá-los ao rio, que é público, ou quando a siderurgia mineira se nega a plantar eucalipto ou pínus e insiste em devastar florestas nativas para fazer carvão vegetal, ele está se referindo apenas à economicidade de suas empresas. Se olharmos a economicidade da Nação, a história muda de figura. Infelizmente, os administradores públicos e os legisladores gostam muito de agir em colusão com o empresariado, que paga os impostos com os quais sustentam suas mordomias (isso quando não os corrompe diretamente). Também não é por nada que nos parlamentos se encontram tantos latifundiários e empresários, e que tantos parlamentares tenham suas campanhas eleitorais financiadas por forças econômicas.

Uma metáfora pode clarear essa questão. Suponhamos que em determinado lugar existe bastante petróleo, mas ele está tão fundo e tem tão pouca pressão própria que, para retirá-lo, seria necessário gastar mais energia para movimentar a bomba do que a energia obtida com o petróleo extraído. Do ponto de vista da economia da Nação, o certo é deixar esse petróleo lá embaixo. Entretanto, um empresário potente, politicamente influente, talvez conseguisse comprar legisladores e administradores públicos para que o Estado o subvencione ou lhe entregue energia abaixo do custo de produção – como, aliás, é o caso da eletricidade gerada por Tucuruí para as usinas de alumínio

– ou, ainda, lhe compre seu petróleo a preços subvencionados, como fazemos com o álcool. Para o empresário, esse poço de petróleo seria um excelente negócio. Para a Nação, um grande prejuízo. A situação da Amazônia e de nossas demais derradeiras selvas é exatamente essa. Nosso imenso território nos assegura ainda o privilégio único de poder preservá-las, o que é a melhor opção para a Nação, para as gerações futuras e para Gaia. O resto é a soma de muitas cobiças e egoísmos.

Relacionadas com essas falácias, temos outras. Predomina nas ciências naturais a pretensão de que uma disciplina é tanto mais científica quanto mais matemática ela usa em seus raciocínios e explicações. Assim, os físicos, os astrônomos e os cosmólogos se consideram reis. Usam muita matemática, matemática complexa. Para eles, os biólogos, que fazem poucas contas, estão em nível bem inferior. Só quando cresceu a genética molecular, que permite trabalhar com modelos químicos de geometria complicada, começaram a olhar para ela. Já o antropólogo, o psicólogo, o sociólogo, o politólogo, esses para eles estão em nível tão baixo que mal merecem atenção.

Sucumbindo a essa pretensão e querendo aparentar cientificidade, os economistas, em seus tratados e argumentos, procuram também usar muita matemática, inclusive matemática superior.

Mas a Economia não é propriamente uma ciência, é uma disciplina social.

A maioria daqueles que hoje se dizem economistas, especialmente aqueles que dão aos administradores públicos a orientação sobre quais medidas tomar para que, supostamente, o povo possa usufruir mais prosperidade, deveria ser comparada não a cientistas, investigadores ou inventores e tecnólogos, mas, sim, a padres, pastores e mesmo bispos e papas. A função deles, como eles mesmos definem, é propiciar criação e promover distribuição de riqueza. Isso tem a ver com justiça social, ou seja, com ética. (Onde fica a filosofia nos cursos superiores de economia?) Em ética não se trabalha com matemática, mas com conceitos e valores que escapam à ciência e à matemática. Portanto, o que hoje comumente se entende por economia não é propriamente uma disciplina científica à parte, está mais próximo da justiça. Em seus resultados práticos, muitas vezes, está mais próximo da injustiça.

Científica é aquela parte do pensamento econômico que apenas procura compreender como funcionam as comunidades e sociedades humanas na produção e distribuição de bens, sem querer interferir e manipular, como fazem os governos. Nesse caso, usa-se matemática, mas nas fórmulas que medem e avaliam os fluxos materiais entram unidades de medidas que representam grandezas físicas concretas: tonelada, arroba, saca, barril, hectare etc. Quando o físico, o químico e o engenheiro trabalham com unidades como o metro, litro, grau centígrado ou trigonométrico, com *volt*, *ampère*, *watt*, *ohm*, *erg*, *curie*, pH etc., estão incluindo em suas fórmulas abstrações muito bem definidas em termos físicos e com relacionamento precisamente definido entre elas. O sistema métrico é uma estrutura lógica, coerente, limpa, precisa, imutável no tempo e no espaço.

Mas que dizer quando se vê matemática complexa que introduz em suas fórmulas unidades de medida como o dólar, cruzeiro, real, marco, yen, rand ou franco? O que é um dólar, um peso, um austral? **Um metro é sempre um metro, um *joule* é sempre um *joule*, ontem, hoje, amanhã, aqui ou em Marte. O dinheiro, meu Deus! Como defini-lo? Ele não tem permanência temporal nem qualitativa, nem quantitativa.**

Em janeiro de 1991, mil cruzeiros representavam um bom almoço com vários chopes, sobrava troco, além da gorjeta. Em dezembro do mesmo ano, em muitos lugares, já não representava um só chope. Um *erg* significa sempre a mesma quantidade de energia, um *volt* sempre a mesma tensão, mas certa soma em dirhams, dinares ou bolívares pode representar maçãs ou peras, tijolos ou uma casa, pneus ou carros, horas de trabalho, direitos autorais, *royalties*, transporte, serviços ou penalidades – não há limite. Pode até representar juros ou correção monetária. Mas que medida é esta que mede até remuneração para si mesma ou correção de si mesma? Impossível fazer isso com um microfarad, com um mega-hertz. Seria magia, o fim da ciência.

Portanto, tratar dinheiro como unidade de medida para matemática complexa é algo muito problemático, a não ser que a realidade a ser medida seja algo muito difuso, indefinível, variável, impalpável... E é isso mesmo. Dinheiro não é unidade de medida para coisas concretas, materiais. Dinheiro mede algo tão difícil de definir precisamente quanto é o relacionamento entre humanos.

Uma unidade monetária é um contrato social, anônimo, indefinidamente divisível e multiplicável, estocável e transferível, mas não invulnerável. Os poderosos, especialmente os governos e os bancos que deveriam zelar pela invulnerabilidade do contrato, gostam de tirar vantagem fazendo jogo sujo. Já as unidades físicas como o metro e o litro não podem ser desrespeitadas.

Se quisermos, podemos, na definição acima, trocar a palavra "contrato" pelo termo "parcela de poder". Com dinheiro posso obter comportamentos ou serviços – o padeiro me dá pão, o avião me transporta, o professor ensina meus filhos, o boia-fria corta cana na insalubridade do canavial queimado, em pleno calor do meio-dia tropical, e muitas coisas mais, como armazenar para vantagem futura parte de meu trabalho atual etc. etc.

Logro é quando alguém obtém vantagem indevida. Como são muito mais numerosos os que preferem vantagem do que os que aceitam sacrifício, especialmente dentro das estruturas administrativas públicas, é claro que inflação, a diluição sub-reptícia do contrato social que é o dinheiro, é muito comum. O contrário, deflação, é quase inexistente. Quando ocorre, por algum descuido, costumam ser muito mais vociferantes os protestos, porque então perdem os aproveitadores, os safados.

Inflação não é uma espécie de calamidade natural, como uma doença ou ataque de praga. Inflação é calote.

Para acabar com a inflação é necessário acabar com o logro. Não é com mais castigo para o povo já explorado e sofrido, confiscando economias, diminuindo poder aquisitivo, fazendo depressão e acrescentando desemprego que se pode resolver o problema. É só com honestidade total que se pode resolver o problema. É preciso que fique bem claro para o público quem são os aproveitadores, quais os mecanismos de multiplicação de circulante e meios de pagamento: emissões, papagaios nos bancos, subsídios, vantagens fiscais, gastos excessivos, esbanjamentos, corrupção.

Quando os próprios legisladores (Judiciário e Executivo não ficam atrás), indecorosamente, insultando o povo que os elegeu, se autoconcedem aumentos de até 150 vezes o salário dos trabalhadores, como fizeram no início de 1995*, tal escárnio não deveria permanecer impune. Interessante seria calcular em quanto esse parasitismo, que se estende a todos os nossos parlamentos, federais, municipais e estaduais, incide nas taxas de inflação. Se os parlamentares, concomitantemente, tivessem que votar impostos correspondentes, para levantar os recursos necessários à cobertura de seus aumentos, talvez tivessem mais vergonha.

Quando Schacht, mais tarde Erhardt, acabaram com as inflações monumentais da República de Weimar e da guerra perdida de 1939/45, o fizeram de golpe, sem sacrifícios adicionais. Ao contrário, no dia seguinte, todos puderam respirar melhor, lançar-se ao trabalho. Mas foi instituída disciplina monetária férrea, sem perdão, com Banco Central absolutamente independente. Em uma economia com moeda séria, o empresário e o comerciante não remarcam à toa. Sem o aviltamento do dinheiro, eles simplesmente não conseguiriam manter os aumentos e não haveria necessidade de congelamento. Esperemos que o Plano Real dê certo [escrevo em março de 1995].

É por isso que funcionam melhor, sempre foram mais estáveis, aquelas moedas que tinham lastro material, como era o lastro ouro ou prata. O lastro garante disciplina automática. As chances de logro são menores, embora existam. Haja vista o que aconteceu com o dólar. O dólar estava afixado ao ouro, à razão de US$ 35,00 por onça troy (31.1g). Entretanto, durante décadas, para atender os gastos excessivos criados pela politicagem, passou-se a emitir sempre um pouco além do lastro e a lançar apólices de dívida pública que os bancos podiam usar como lastro. Acabou acontecendo o que não podia deixar de acontecer. Nem todas as pessoas são burras. Os mais espertos começaram a trocar papel por ouro, para guardar em casa. O governo, vendo-se descoberto na trapaça, ainda sob F. D. Roosevelt,

---

* Como que ilustrando o quanto essa situação está arraigada, tudo igual onze anos depois: em dezembro de 2006, o Brasil se escandalizou com uma tentativa de aumento para a Câmara Federal, um autoconcedido aumento da ordem de cem por cento, quando o último aumento do salário-mínimo havia sido de dezesseis vírgula seis por cento. A tentativa foi debelada pela indignação popular, que agora já dispõe de internet para organizar protestos e fazê-los chegar rapidamente aos destinatários. Mas em março de 2007, os parlamentares voltaram à carga, propondo para si mesmos aumento de vinte e seis vírgula oito por cento, dentro de um quadro já farto de proventos adicionais (auxílios diversos, passagens aéreas, diárias). (N.E.)

passou a proibir os cidadãos americanos de comprarem e estocarem ouro. Mas não podia proibir os estrangeiros de fazê-lo. Os estoques de Fort Knox continuaram a baixar, aproximavam-se de zero. Nixon, então, para não ter que entregar a última grama e declarar bancarrota, desligou o dólar do ouro. O preço do ouro saltou rapidamente para além de US$ 800,00/oz. Hoje dança por volta dos trezentos. Estaria bem mais alto, não fossem nossos garimpos ilegais com seu descontrolado contrabando de ouro.

Convém apontar um fato importante, ainda pouco compreendido. Pela sua posição de maior potência, com o dólar, apesar de sua fraqueza, em posição de moeda de referência, os Estados Unidos conseguiram durante muito tempo exportar sua inflação. Sua indisciplina monetária se reflete pouco em casa, enquanto no mundo inteiro bilhões de pessoas estiverem dispostas, ou se sentirem obrigadas, a recolher e a guardar dólar na gaveta ou debaixo do travesseiro. No dia em que desaparecer a confiança...

Ilustração interessante: houve alguns raros casos de inflação honesta no passado. Em alguns principados e ducados na Europa, com dinheiro só de moedas de ouro e prata e centavos de cobre – o papel moeda não havia ainda sido inventado –, os potentados, sempre insaciáveis em sua vida de luxo, sem acesso a mais metal e já extorquindo ao máximo o povo com impostos, conceberam um truque grosseiro. Cada vez que uma moeda caía em suas mãos, seus tesoureiros, com alicate especial, cortavam um dente na moeda, roubando assim um pouco do ouro. À medida que aumentava o número de passagens de uma moeda pelo tesouro, sua forma aproximava-se cada vez mais da forma de uma engrenagem. Esse tipo de inflação não iludia ninguém, diminuía o peso da moeda, baixava seu valor.

Voltemos aos aspectos que afetam mais diretamente a ecologia. A ilusão de que dinheiro mede coisas concretas tem levado os governos a medir e comparar desenvolvimento, comumente chamado crescimento, usando para tanto um instrumento macrocontábil, o Produto Nacional Bruto, o PNB. Às vezes chamado de Produto Interno Bruto ou Produto Social Bruto.*

---

* Atualmente, tornou-se usual a denominação PIB – Produto Interno Bruto. Mantivemos aqui a denominação PNB, usada pelo autor. (N.E.)

O PNB em termos de progresso real não mede quase nada – só confunde.

De fato, o próprio nome, qualquer que seja, já está errado: PNB só mede renda, não mede produto. Esse índice econômico é a soma de todos os faturamentos em uma economia nacional. Inicialmente, como PNB *per capita*, servia apenas para avaliar a média das rendas – o que, naturalmente, nada nos diz sobre a justiça social em um país: o que significa a média entre a renda do usineiro nordestino, que anualmente chupa milhões em subsídios, e a miserável renda de seu boia-fria?

O PNB é hoje o principal índice para medir e comparar progresso. Ocorre, entretanto, que ele só mede atividade, não distingue entre atividade desejável e indesejável. Digamos que a poluição e a degradação ambiental cheguem a ponto de causar violenta deterioração na saúde pública. Construiremos mais hospitais e ambulatórios, haverá mais gastos com médicos, enfermeiras, medicamentos, ambulâncias, funerárias, e o PNB crescerá da mesma maneira que ele cresce com atividade realmente produtiva. Os economistas, ao invés de medir mais sofrimento, estarão medindo mais prosperidade. O mesmo acontece com desastres, guerras, terremotos, devastação florestal. Até a corrupção, o crime e a droga fazem crescer o PNB.

Toda transação, boa ou má, dá renda para um lado, custo para outro. Mas o PNB não enxerga isso. Os próprios custos das chamadas tecnologias ambientais, a maioria das quais só servem para remediar estragos, são custos adicionais, não são criação de riqueza, deveriam ser descontadas em um PNB que medisse progresso.

É de se supor que progresso deva significar mais felicidade para maior número de pessoas em um mundo melhor, mais sadio, mais belo, mais intacto, mais limpo, mais sustentável. Entretanto, ao mesmo tempo em que estamos todos medindo progresso, o mundo está cada vez pior, mais insuportável, menos sustentável.

Se é verdade que uma parcela da humanidade vive em um luxo e esbanjamento nunca vistos no passado, a grande maioria está cada vez mais miserável. Imensas favelas enfeiam e entristecem as cidades do chamado terceiro mundo. Proliferam gigantescas conurbações, como México, São Paulo, Rio, Manila, Jacarta, Calcutá, Caracas. Elas se espraiam na paisagem circundante, como imensos tumores, e as metástases já estão em toda a parte. O contraste entre ricos e pobres aumenta dia a dia. A desestruturação social e a desagregação da família tomam conta de pobres e ricos. E aumenta aceleradamente a desagregação ambiental. Apesar do êxodo rural, de haver paisagens agora com menos gente, continuam sendo arrasadas as últimas selvas. Enfim, a Terra como um todo está gravemente doente, e quanto mais se agrava essa doença, mais os PNBs medem progresso.

Sustenta-se, ainda assim, que o crescimento desse modo medido não pode parar. Em Washington, em reunião preparatória para a cúpula do meio ambiente no Rio de Janeiro, a Eco-92, ouvi o presidente George Bush e, depois, na própria cúpula, a primeira-ministra da Noruega, Gro Bruntland, mentora da Conferência, em palavras diferentes, dizerem a mesma coisa: "precisamos de mais crescimento para termos os recursos para arrumar os estragos que já temos."

Mas, voltando, o que mede realmente o PNB? Só fluxo de dinheiro. O que se quer é saber o total dos faturamentos em uma economia nacional. O total das rendas, dividido pelo número de cidadãos do país, nos dá a renda *per capita* média. Para os alemães ocidentais, suecos, suíços, japoneses, já está bem além dos vinte mil dólares anuais. Nós, pobres diabos brasileiros, mal alcançamos os três mil. Quanto crescimento ainda nos falta!? E aqueles povos não querem por nada parar de crescer. Já ouvi economista americano preconizar renda *per capita* de cem mil dólares – inflação corrigida – para pouco depois do ano 2000. Jamais chegaremos lá.

O que significam realmente esses números? Será mesmo que o sueco é sete vezes mais feliz que o brasileiro? O índio, o pigmeu africano, em suas culturas intactas, antes das agressões do homem dito civilizado, tinham PNB zero. Quer dizer que somos todos infinitamente mais felizes do que eles? Todo antropólogo sério nos atesta o contrário. E todo nosso passado remoto, do Paleolítico aos palácios da Babilônia, aos campos irrigados do Egito com suas pirâmides e hieróglifos, ao *Pantheon* grego ou às catedrais góticas, tudo isso não valeu nada? Pelos cálculos atuais, os PNBs de toda aquela gente eram ínfimos. Em contrapartida, por que será que em Zurique, no país mais rico do mundo, o problema da droga entre jovens de famílias abastadas é tão grave e insolúvel que a polícia já nem olha os que languescem em uma das praças centrais da cidade? Só são dispensadas gratuitamente seringas descartáveis, para que não se alastre demais a Aids.

Se a intenção é usar o PNB como indicador de progresso, de desenvolvimento para melhor, e é o que praticamente todos os governos fazem, então precisam ser revistas falácias graves que há nessa conta. Em primeiro lugar, de que adianta fazer esse tipo de média? Se eu estiver com um pé em uma bacia de água salgada a -4°, o outro em uma panela sobre o fogo em 70 graus, a média é 37 graus centígrados, temperatura do corpo. Deveria sentir-me muito confortável... No Brasil, temos gente, como aquele boia-fria entrevistado pela *Veja*, em dezembro de 1991 (ed. 1.213), Amato João da Silva, que não conseguiu crescer além de 1,35 metros de altura, apesar de não ser anão, porque nunca em sua vida comeu bem, só sofreu, só trabalhou duro para alimentar uma família de treze pessoas, e que tem uma renda anual de cerca de quinhentos dólares, quando tem. E temos entre seus donos, digo os donos dos engenhos, que sempre pedem mais subsídios, gente que em uma só saída para fazer compras consegue gastar em futilidades até cem vezes a renda anual de Amato (como fez dona Rosane Collor em Roma, no mesmo dezembro de 1991).

Nossos ricos são muito mais ricos que os ricos dos países ricos.

Na Suécia, o rei Gustavo e a rainha Sílvia têm estilo de vida bem mais sóbrio e menos ostensivo que muitos de nossos ricos. Adianta comparar PNB sueco com PNB brasileiro sem entrar nesse tipo de detalhe?

Vejamos outro aspecto relevante. O PNB sueco deve conter pelo menos de três a cinco mil dólares *per capita* por ano para calefação, roupa quente, isolamento térmico, construções mais sólidas, arado de neve para manter livres estradas e aeroportos, navios rompe-gelo para abrir portos. Quer dizer que só nisso somos três a quatro mil dólares mais pobres que eles? Pelo contrário, nesse ponto somos mais ricos, porque Gaia nos deu um clima que nos presta gratuitamente esses serviços.

Ainda não ouvi nem li nenhum dos planejadores do Banco Mundial e outros bancos multilaterais de "ajuda para o desenvolvimento" levantarem esses detalhes quando comparam PNBs e propõem fazer tudo pelo crescimento. Uma vez me dizia um amigo indiano: é muito pior ser pobre em país rico do que pobre em país pobre. Em Nova York, uma renda anual de três mil dólares é pobreza total, significa grande sofrimento. Em nosso país, a grande maioria dos funcionários públicos de terceiro escalão, professores, primários e secundários, operários especializados, não recebem muito mais que isso.

Uma mãe que, em vez de trabalhar fora, prefira dar ambiente aconchegante aos filhos pequenos, fazendo trabalhos domésticos, cozinhando, lavando, costurando, ajudando nas tarefas escolares, enfim, dando felicidade aos pequenos, em nada contribui ao PNB. Se essa mulher trabalhar fora, os filhos se sentirem infelizes em creches precárias e receberem grande parte de sua educação na rua, se ao voltar do serviço à noite ela ainda tiver de se matar trabalhando em casa, aí sim, teremos um quadro interessante para a economia da nação. Se, de tanto estresse, pai e mãe se tornarem alcoólatras, se ficarem deprimidos ou fisicamente doentes, todos os custos adicionais aumentarão o PNB...

Minha mãe nunca ganhou um tostão em emprego, mas que linda e significativa infância nos deu! E quanta coisa boa fazia, comidas maravilhosas, tricôs e bordados, roupas de todo tipo, cuidava de um jardim que me proporcionou profundo contato com a natureza. Quanta sabedoria ela nos transmitiu! Sua contribuição ao PNB era zero. Então era atraso aquilo? E é progresso o que predomina hoje?

O aspecto mais funesto no cálculo do PNB é que ele contém verdadeiras inversões de valores. É certo que toda renda é agradável para quem a recebe. Devemos então defender a renda do jagunço que mata por dinheiro, do assaltante de bancos? Esses "faturamentos", por serem ilegais, ainda não entram diretamente no PNB, mas há inúmeros custos provenientes de estragos e chagas sociais que são adicionados, quando deveriam ser descontados.

Como o pensamento econômico predominante só se preocupa com o fluxo circular do dinheiro e despreza o fluxo aberto dos recursos, por considerá-los inesgotáveis ou sucessivamente substituíveis, como vimos naquele primeiro diagrama, o PNB não desconta nosso empobrecimento real. O que é faturado com petróleo ou com exportação de minério, com toras de árvores ou com exportação de soja, o que alguém fatura na derrubada da floresta, na construção da barragem, tudo é somado ao PNB. Mas e onde são descontados o esgotamento na jazida de petróleo ou na mina, a perda de produtividade futura pela erosão na lavoura, a morte da fauna pelo veneno agrícola, a degradação ou obliteração da floresta, a perda do território inundado? Empresário e cidadão particular não podem fazer contas assim. Empresário quando faz balanço desconta seus gastos e custos, sua perda de patrimônio. Pessoalmente, quando retiro dinheiro de minha conta bancária e o gasto, no meu balanço pessoal tenho que descontar para não me exceder no sobregiro. Mas então, quando retiramos petróleo do solo e o queimamos em desperdício, acaso somos mais ricos depois, ou éramos um pouco mais ricos antes?

Qualquer dono de botequim sabe fazer contas que o PNB não faz.

Eu sou empresário também. Na minha empresa, faço uma conta bem concreta. Somamos, de um lado, todas as entradas e descontamos, do outro lado, todas as saídas. Descontamos também amortizações. Um trator que compro hoje por 100 mil reais, no fim do ano vale só 90 mil reais; se forem sete anos de amortização ao invés de dez anos, vale menos. Se eu tiver que vender uma casa, se eu tiver que vender qualquer coisa, tudo isso tem de ser descontado também. Qualquer diminuição dos bens materiais, seja pela venda ou pela redução de valor, pelo envelhecimento ou desgaste, é deduzida. Entra dinheiro de um lado, mas sai capital do outro. Agora, se olhássemos para nossa empresa do modo como os governos o fazem, estaríamos somando o rendimento com os custos, desprezando as perdas materiais. Poderíamos ir à falência e sentir-nos felizes.

É como se o dono do bar, que compra o barril de chope a um preço X, conseguindo depois vendê-lo a 2X, fizesse a seguinte conta: X mais 2X, mais os gastos com garçom, mais reposição de copos quebrados, mais o aluguel, mais a luz... Como resultado obteria um número muito bonito. Assim ele até poderia vender mais barato do que comprou. Ele poderia comprar um barril a 2X e vender o chope a X, e daria o mesmo balanço. Mas o dono do botequim sabe o que é entrada e o que é saída. Quem faz esse tipo de conta equivocada são os governos, porque só se interessam pelo fluxo de dinheiro, não pelas coisas reais.

Quando nós, brasileiros, demolimos montanhas, inundamos milhares de quilômetros quadrados de florestas virgens, para produzir alumínio para exportação, devastamos dezenas de milhares de quilômetros quadrados de cerrado para produzir carvão vegetal para fazer ferro-gusa. Está correto somar a renda obtida em moeda estrangeira, mas também deveríamos ter um balanço nacional em que deduzíssemos a perda das florestas, a perda dos minérios nas montanhas, a perda do ganha-pão do seringueiro que hoje vaga nas favelas das grandes cidades, o genocídio das tribos indígenas extintas e muito mais. Com esse tipo de verdadeira contabilidade nacional não nos restariam atualmente muitos motivos para celebrar.

Se os norte-americanos fizessem esse tipo de balanço, perceberiam que hoje são muito mais pobres do que cinquenta anos atrás, quando a maior parte de seu petróleo ainda estava no solo, a maioria de seus minérios ainda não fora extraída e em grande parte desperdiçada em orgias consumistas, quando a maioria de suas florestas primitivas continuava intacta, seus rios limpos. Naquela época, eles tinham a metade da população atual, muito mais recursos e menos problemas sociais. Os alemães e os japoneses perceberiam que na verdade são países pequenos, superpopulosos, totalmente dependentes dos recursos de outros povos.

Também em nível global precisamos de uma contabilidade que nos diga a verdade. Se permitirmos que a floresta amazônica desapareça, não apenas nós, brasileiros, ficaremos mais pobres, mas as consequentes mudanças climáticas tornarão todo o mundo mais pobre. Hoje sabemos que isso poderia provocar uma alteração das correntes marítimas capaz de desencadear uma nova era glacial, infinitamente pior que um aquecimento global.

Temos de obrigar os governos a fazer contas empresariais, que nos deem balanços reais.

Analisemos mais de perto um país como a Holanda, considerado um país muito adiantado. A Holanda já está com quase 20% de seu território nacional coberto de moradias, fábricas, portos, aeroportos, pavimento e continua fazendo força para crescer mais. Mas "crescimento" em termos de PNB significa cobrir ainda mais, tapar ainda mais solos produtivos com concreto, asfalto e aço. Isso acaso é crescer, enriquecer? Em termos ecológicos, isso se chama demolir, empobrecer. Mesmo um "crescimento" modesto de, digamos, 4% ao ano, significará duplicação em 18 anos, quadruplicação em 36.

Quando minha netinha recém-nascida chegar aos 54, estaria tudo multiplicado por oito. E como fica o território? 20, 40, 80%! Depois disso, só fazendo guerra para conquistar mais território. Só que os países vizinhos estão na mesma.

Argumento muito comum em relação ao PNB e em favor da necessidade de seu crescimento indefinido é o de que "o bolo precisa crescer para que cresçam as fatias". Assim podemos dizer aos que ganham fatia muito pequena que tenham paciência, é só esperar o crescimento. **Mas o PNB nada tem a ver com o verdadeiro patrimônio da Nação, este decresce na medida em que cresce o PNB.**

Os governos gostam de confundir os interesses empresariais com os interesses da Nação. Hoje, após o colapso do que se chamou socialismo, estão reavivando, sem questionar, o postulado proposto por Adam Smith, segundo o qual a soma total dos interesses privados irrestritos, de certa forma, por meio de uma "mão invisível", transforma-se em benefício para todos. Mas esse postulado é errado, basicamente errado, quando se aplica ao nosso trato com a natureza. Por exemplo, cada uma das frotas pesqueiras deseja extrair a maior tonelagem de peixe que puder apanhar. Por isso elas continuam aperfeiçoando seus métodos, a ponto de, ao encontrar um grande cardume, atrair eletronicamente para suas redes até o último peixe. Isso é bom para o oceano ou para a humanidade?

O território nacional não cresce, as jazidas de minério não se recuperam, a produtividade futura de nossos solos agrícolas já está comprometida, as espécies extintas não voltarão nunca mais, a insalubridade do ar e da água já afeta gravemente a saúde de nossas crianças e mais ainda a dos bebês.

O argumento da necessidade do crescimento do bolo, nesses termos, só serve para postergar o confronto com a justiça social. Trata-se de uma vigarice.

Por tudo isso, o oceanólogo Jacques Cousteau juntou dezenas de milhões de assinaturas, pelo mundo afora, entre as pessoas pensantes que sobram, para apresentar às Nações Unidas um pedido de instituição de uma Declaração dos Direitos das Gerações Futuras. A atual Declaração dos Direitos Humanos não contempla os ainda não nascidos.

Gostaria de ver o meu país, e outros países, iniciarem contas novas, diferentes. Contas concretas, que mostrassem onde de fato estamos. Cálculos que considerassem o que realmente interessa: o patrimônio da nação e do planeta, em termos de florestas, ecossistemas intactos, rios, lagos e mares limpos, solos produtivos em esquema de agricultura sustentável, reciclagem de recursos não renováveis, uso racional de energia também renovável. Haveria também índices menos quantitativos, índices menos numéricos, mais qualitativos. Onde, nos atuais cálculos, supostamente indicativos de prosperidade, aparecem conceitos tão importantes e fundamentais como amizade, amor, arte, beleza, harmonia, gozo, regozijo pela integridade da Criação? Os rituais sazonais de todos os povos por nós classificados de "primitivos" celebravam exatamente isso.

O falecimento, por morte natural, decrepitude mesmo, das tiranias de capitalismo monopolista de estado, o chamado comunismo ou socialismo, com seu paralisante desplanejamento central, fez recrudescer uma onda mundial de fé e esperança nas forças do mercado. Os povos liberados (?) do Leste esperam que o acionamento dessas forças venha a povoar suas estantes vazias com comida e utensílios. É verdade que, nesse aspecto, o capitalismo funcionou e o comunismo fracassou rotundamente. Mas o mercado não é milagroso e, se não encararmos e corrigirmos os inconvenientes muito graves que apresenta, consequência da maneira como hoje ele está estruturado e como o manipulamos, continuará agravando-se a destrutividade de nossa cultura industrial.

As forças do mercado são mecanismo cibernético, automático, de confronto e ajuste de oferta com demanda. Controles sistêmicos, inerentes ao sistema, são sempre preferíveis a controles assistêmicos, impostos por força externa. Para compreensão do leigo em cibernética: imaginemos o tanque de água no topo de um edifício, com entrada e saída de água. Ele tem na entrada uma válvula acoplada com boia, como aquele no reservatório do vaso sanitário. Quando o gasto de água aumenta e o nível do tanque baixa, a boia baixa e abre a válvula. Quanto mais baixa, mais abre. Parou o gasto, o nível sobe, e acontece o contrário. O nível chegou ao máximo, a válvula já está fechada. Não importa quanta água se gaste, ou não se gaste, o tanque estará sempre muito próximo de cheio. Se, em vez da boia na válvula de entrada, o tanque fosse controlado por um guarda permanente, que observasse o nível para abrir e fechar a válvula, a qualquer cochilo do guarda o tanque estaria vazio ou transbordando. Outro exemplo: se o refrigerador não tivesse termostato, tivéssemos que ligá-lo ou desligá-lo manualmente, imaginem como seria. É por esse mesmo e prosaico motivo que planejamento central nunca funciona. Se é difícil controlar de fora um refrigerador ou um simples tanque de água, o que dizer da complexidade de uma economia moderna? O burocrata central não tem como acertar.

Mercado livre é mecanismo bastante ecológico, desejável, eficiente, mas tem muitas limitações.

Imaginemos um edifício novo, muito grande, cem famílias, média de quatro pessoas, consumo *per capita* de 100 litros/dia, totalizando 40 mil litros/dia. Mas a rede da rua não previa esse tipo de construção, só tem capacidade de entregar 10 mil litros por dia. O tanque estará cronicamente vazio, boia caída, impotente. O "crescimento" desmedido de nossas economias vai nos levar a esse tipo de situação, em muitos aspectos já nos levou, haja vista o tráfego nas grandes cidades.

Sistemas com controle automático, como o tanque com boia, a calefação ou a refrigeração com termostato, ou seja, os sistemas homeostáticos, como são também, em nível de sofisticação indescritivelmente mais elevado, todos os sistemas vivos, têm *retroação negativa*. O comportamento do sistema suscita reação contrária à direção do comportamento. Por isso as árvores não crescem até as nuvens, por isso a Vida já consegue prosperar durante três e meia eras geológicas. Esses sistemas não são estáticos, bem ao contrário, podem ser extremamente dinâmicos, haja vista nosso Sol, outro gigantesco sistema homeostático, com suas violentas reações nucleares e tremendas temperaturas internas, turbulências, emissões de energia, labaredas de milhares de quilômetros de altura. Estático e estável não são sinônimos, como parecem pensar aqueles que a qualquer sugestão de freio no "crescimento" protestam que não se pode aceitar "estagnação".

Somente os sistemas estáveis têm futuro.

Coisa realmente estática nem merece ser qualificada como sistema, é arranjo, estátua, pintura, pedra. O que não tem futuro são sistemas dinâmicos com retroação positiva. Nesses, o comportamento é tal que suscita reação que acelera o comportamento na mesma direção. O melhor exemplo de sistema dinâmico com retroação positiva é a bola de neve. Enquanto rola, ela engrossa, quando ainda é pequena rola mais ligeiro, engrossa mais, segue rolando e engrossando, até pode parecer fenômeno interessante de se assistir, mas rapidamente a bola de neve evolui para avalanche, que tudo arrasa no caminho e acaba em grande estrondo. Ajudar a bola de neve, acrescentando mais neve e mais encosta, só aumenta o desastre. Mas predominam hoje os economistas que acham que os estragos do atual tipo de crescimento, que é um fenômeno de retroação positiva, que já está entrando na fase de avalanche, só podem ser corrigidos com mais crescimento. Essa foi a posição oficial dos Estados Unidos na Conferência da Casa Branca sobre mudanças globais, em 1991.* Até corridas fictícias, como as altas desenfreadas que às vezes acontecem nas bolsas de valores ou de mercadorias, acabam em "*crash*". Vinte anos atrás, a prata flutuava em torno de US$ 1,45/oz. Uma especulação desenfreada a levou até acima de cinquenta dólares. Logo caiu violentamente. Depois passou a flutuar por volta de US$3,5. Descontada a inflação do dólar, praticamente o mesmo valor inicial. Entretanto, os estragos que essa especulação causou não têm remendo. Milhões de objetos de arte, joias e moedas de prata foram fundidas, para venda pelo preço do metal. Só na Índia perderam-se tesouros incalculáveis.

Mesmo quando o mercado está tecnicamente equilibrado, podemos ter problemas muito graves, pois ele não promove necessariamente o comportamento mais adequado para a sociedade e a natureza.

Isso só acontece quando ele está completo, isto é, quando está presente toda a demanda de um lado e toda a oferta do outro. Em

---

* Um ano antes, em abril de 1990, Lutzenberger comparecera como palestrante convidado à Conferência sobre Pesquisas Econômicas e Ecológicas, patrocinado pela Casa Branca, em Washington. Em plena sede do governo dos Estados Unidos, discursando em inglês, diante do presidente Bush (pai), contestou a possibilidade e a desejabilidade do crescimento contínuo. Levou em seguida, a convite, o mesmo discurso ao Senado norte-americano. Mas somente 25 anos depois, com o susto causado pelos alertas científicos sobre o aquecimento global, as advertências sobre o "efeito avalanche" do crescimento econômico começariam a ser consideradas. Incensada por governos e economistas, por ter "crescido" a taxa superior a dez por cento, em 2006, a China chegou a anunciar que desejava limitar seu crescimento em 2007, pois, no entender do governo chinês, a expansão estava comprometendo a equidade social e a preservação ambiental do país. (N.E.)

nosso mundo atual, isso quase nunca acontece. Façamos um experimento mental: está em leilão um objeto de grande valor, um vaso de porcelana chinesa, muito antigo, em perfeito estado. O ofertante não sabe do real valor, é ladrão e quer desfazer-se rapidamente do objeto. Os compradores potenciais presentes são poucos, conhecem muito bem o valor, mas sabem também das dificuldades do ladrão e estão coligados. O vaso será adquirido a preço ridiculamente baixo.

Essa é a situação das matérias-primas do terceiro mundo exportador, diante do primeiro mundo importador. Nós, no Brasil, chegamos a subvencionar a exportação de alumínio! Enquanto se estimulava o plantio de soja para exportação, com créditos com juros abaixo da taxa de inflação, estávamos em situação semelhante, sem contar os tremendos estragos sociais e ambientais que aquela política agrícola desencadeou.

Quando estimulamos a exportação de aço e ferro-gusa, produzidos com carvão vegetal, estamos na mesma situação do ladrão do vaso. Estamos roubando o que é das gerações futuras. Duas vezes: na destruição da floresta e no esbanjamento do minério.

Se os xeiques árabes e outros governos não fossem tão imediatistas, a OPEP não teria fracassado. O petróleo é limitado, sua extração se torna cada vez mais difícil e mais cara. Se eu sou dono da jazida e não preciso do dinheiro já, não há lugar mais seguro para o petróleo do que lá embaixo da terra. Mesmo que as reservas conhecidas e estimadas, exploráveis aos custos atuais, ultrapassem um trilhão de barris, com o atual consumo, se for mantido, pior se crescer, mal durarão quarenta anos. É provável que a geração que verá o fim já tenha nascido.

Essa é uma das grandes falhas do mecanismo de mercado, como hoje o praticamos. As gerações futuras estão ausentes e ninguém as representa.

Problema de difícil solução, mas precisa ser encarado. Se as gerações futuras tivessem representantes em nossos atuais mercados, quanta coisa seria diferente. Certamente nossa economia, nosso pensamento desenvolvimentista, nossas técnicas, a agricultura e nosso trato com a Criação seriam bem outros. Seria esplêndido se nosso país fosse um dos pioneiros em introduzir esse tipo de consideração em seu planejamento econômico. Que fantástico país, maior refúgio de Vida do planeta, poderíamos ser. Irradiando daqui, poder-se-ia recuperar a saúde de Gaia. Ainda há chances. Em uma ou duas décadas poderá ser tarde demais.

Mas os nossos mercados atuais não atendem nem as necessidades da maior parte da humanidade. O mercado, assim como funciona, apoiado apenas em ofertas e demandas expressas em dinheiro, não enxerga necessidades reais, se elas não estiverem aliadas a poder de compra. Os "Amato João da Silva" (o homem gabiru) têm tremendas necessidades, de comida, roupa, casa, objetos, sem falar nas intangíveis. Mas, como os "Amato" não têm dinheiro, essas necessidades nem aparecem no mercado, não representam demanda.

O mercado não sabe interpretar demanda que não esteja ligada a dinheiro para satisfazê-la.

Bilhões de africanos, indianos, latino-americanos e tantos outros, até mesmo nos países ricos, estão na mesma situação. Como suas necessidades não se expressam em demanda, sua miséria só irá aumentar. Isso em um período histórico em que no Mercado Comum Europeu se gastam dezenas de bilhões de dólares para destruir "produção excessiva", ou se pagam agricultores para que tirem de produção terras férteis. Esses mesmos agricultores usam então mais adubos e agrotóxicos no resto das terras, e os excedentes continuam a crescer de um lado, a fome do outro. Aliás, essa situação obscena é resultado não de um mercado livre, mas de manipulação de mercado. Uma manipulação que faz com que a carne de uma vaca, que custou ao contribuinte europeu, em subvenções, dois mil dólares por animal, chegue no Brasil abaixo do custo de produção de nosso fazendeiro de criação extensiva.

O maior desacerto ecológico de nossos mercados atuais é o antropocentrismo imediatista que os norteia.

Assim como estão ausentes do mercado as gerações futuras, os fracos, os dominados, os famintos, as crianças abandonadas e tantos outros, está completamente ausente a maravilha da Criação. Todas as espécies, além da nossa, nada, mas nada mesmo, mandam no mercado. Para o fazendeiro que, no afã de enriquecer mais ainda, e de maneira fácil, lucrando no subsídio, na isenção de impostos ou na especulação fundiária, manda derrubar e queimar dezenas de milhares de hectares de floresta ou cerrado; para o tecnocrata que inunda milhares de quilômetros quadrados de florestas com suas megabarragens; para o garimpeiro que mata toda a vida no rio e, por gerações afora, o deixa envenenado com mercúrio; para o loteador que arrasa as mais belas paisagens e formações geológicas; para todos esses, o fantástico, único e precioso complexo de Vida não vale nada. Ao contrário, para a maioria deles, esse tesouro têm valor negativo, pois gastam muito dinheiro para destruí-lo. Para esses, o tesouro da Vida é um entrave.

Realmente, se quisermos que, daqui a umas poucas décadas, nossos filhos e netos, mais adiante nossos descendentes remotos, possam manter um mínimo de respeito por nós – e não nos amaldiçoem! –, se quisermos que a maravilha do grande processo vital possa continuar, muita coisa teremos que repensar.

Meu maior sonho era que o Brasil, na Rio-92, viesse a promover esse novo pensamento. Não pôde acontecer.

Continuam todos acreditando que só com mais "crescimento" teremos os meios para remendar os estragos que o crescimento está causando. Acreditam todos na bola de neve.

Finalizado em 10 de abril de 1996.

Capítulo III

Crítica ecológica do modelo desenvolvimentista*

Nos tempos do colonialismo clássico, os colonizadores conquistavam território alheio com força militar, e lá instalavam seus governos: um governador** executando ordens da matriz e uma administração pública constituída de cidadãos da matriz nos primeiros escalões e de nativos nos últimos. O centro colonial mandava, o povo local pagava. Os colonizadores se apresentavam como civilizadores ou cristianizadores, impunham sua língua e parte de seus costumes, desmoralizavam e desestruturavam as culturas locais, em especial as culturas camponesas e as estruturas sociais tribais. Impunham, então, grandes monoculturas de exportação, tais como café, algodão, chá, cacau, cana, banana, essências e outras. A destruição das culturas camponesas de sabedoria milenar, ecologicamente adaptadas, e o desmoronamento das estruturas sociais significavam a marginalização de massas humanas. Surgia, assim, a mão de obra barata necessária à exploração das grandes lavouras e dos recursos naturais. Os coloniza-

---

* A introdução deste capítulo foi publicada como artigo no jornal *Gazeta Mercantil* (edição de 13/11/1991), com o título "Quem internacionaliza a Amazônia". (N.A.)

** Quando o Brasil ainda era "Estados Unidos do Brasil", os chefes dos estados da Federação se chamavam "presidentes". Getúlio Vargas os degradou a "interventores". A democracia ainda não se deu conta de que a palavra "governador", em sua origem, tinha o sentido que os colonialistas lhe davam. (*Oxford Advanced Learners Dictionary*: "a person appointed to govern a province or state, especially a colony abroad" – pessoa indicada para governar uma província ou estado, em especial, uma colônia estrangeira). (N.A.)

dores tinham total liberdade de exploração. A situação era clara e transparente.

O neocolonialismo moderno trabalha de maneira bem mais sutil e opaca. Uma vez, um africano me dizia: "no tempo da colônia, as coisas eram simples, eu conhecia meus inimigos e parasitas pela cor da pele e pelo sotaque, mas hoje meus piores exploradores têm a minha pele e falam o meu dialeto".

Quem defende mais "desenvolvimento", sem definir com exatidão esse termo, pedindo ocupação de "vazios demográficos", mineração, barragens, exportação de toras, desrespeito às terras indígenas, ajuda o assim chamado primeiro mundo a ter acesso, a preços vis, sempre mais baixos, aos recursos da Amazônia, às custas das populações locais e da Natureza.

Por que será, para citar apenas um exemplo muito relevante, que um cafeicultor brasileiro ou africano tem que entregar hoje vários sacos de café para comprar o que na década de 30 e mesmo nos anos 50 comprava com um só saco?

Por que baixam os preços das matérias-primas e são valorizados sempre mais os produtos industrializados?

Será isso decorrência "normal" da evolução dos mercados?

Se quisermos entender essa evolução, teremos que partir para uma visão holística, teremos que olhar o quadro geral, mundial. Uma visão reducionista, que leve em conta alguns aspectos apenas de um problema, não nos permite ver o funcionamento sistêmico do todo. Não adianta olhar para Tucuruí e não ver Carajás, não ver o dantesco esbanjamento de alumínio e energia no primeiro mundo, não ver quem de fato usufrui e quem paga a conta.

Tucuruí custou ao povo brasileiro um endividamento de 6,5 bilhões de dólares que, pelos juros acrescidos, já deve ultrapassar os 10 bilhões de dólares. A barragem inundou, sem aproveitamento sequer da madeira, dois mil quilômetros quadrados de floresta pristina, floresta virgem. Houve os que embolsaram grandes somas para cumprir a tarefa de retirar, antes da inundação, a madeira aproveitável. Nada fizeram. Apesar de conhecidos, até hoje não foram punidos. Verifica-se agora que, possivelmente, morrerão mais uns mil quilômetros quadrados de floresta, pelo elevamento do nível freático, talvez dois mil. A alta carga orgânica na água, pelo apodrecimento das árvores submersas, propiciou uma tenebrosa praga de mosquitos, que martiriza as populações contíguas a ponto de já se pensar em trasladar povoados inteiros. Quem pagará os custos e o sofrimento? Se forem aplicados inseticidas, serão incalculáveis os estragos ecológicos e sanitários.

Antes do fechamento da barragem foram expulsos de suas terras ancestrais duas tribos indígenas. Para essa gente, esse tipo de tratamento significa quase sempre genocídio físico e cultural. E como tiraram os caboclos? Muito simples. Seletivamente, com injeção de herbicida (Tordon) foram destruídas as castanheiras e as seringueiras, que eram o principal sustento deles. Foram embora sem indenização. Em sua cultura não existe documento de propriedade da terra. Fossem grandes fazendeiros, talvez tivessem sido indenizados bem acima do valor de mercado.

Outro desastre, até hoje pouco esclarecido, pois na época houve supressão de informação, é o que resultou da aplicação do mesmo herbicida ao longo das linhas de alta-tensão. Houve vazamentos, abandono e perda de produto na floresta, e as queimadas na vegetação seca devem ter introduzido concentrações apreciáveis de dioxina* no ambiente. Isso ocasionou abortos, nascimento de crianças gravemente deformadas, mortes de gente e de gado.

Todos esses estragos e desastres, de um lado, foram socializados. Quem, do outro, são os beneficiados? A quem serve essa hidrelétrica?

A energia gerada é entregue a grandes usinas produtoras de alumínio, que a recebem abaixo do preço de custo de produção. Quer dizer, além de arcar com a dívida oriunda da construção da usina, da compra das turbinas etc., com adição dos juros que crescem incessantemente, o povo brasileiro continuará subvencionando inde-

---

* O 2,4,5-T, ingrediente do herbicida aplicado, já por si contém dioxinas como impureza. Além disso, esse tipo de substância, quando submetida a altas temperaturas, produz ainda mais dioxinas. As dioxinas são os venenos mais potentes até hoje produzidos pelo homem. (N.A)

finidamente essa hidrelétrica.* E por que esse subsídio? Para que o alumínio possa ser exportado a preços de mercado mundial. E por que estão baixos os preços do alumínio, se sua produção é tão custosa em termos de energia elétrica, em termos de impacto ambiental e desestruturação social? Exatamente porque proliferam no terceiro mundo esquemas como o de Tucuruí/Carajás. E já estamos considerando a instalação de ainda mais usinas de alumínio na Amazônia. O preço do alumínio cairá ainda mais. (Exemplo da possibilidade de inversão dessa situação: quando foi fechada a mina Bom Futuro, em Rondônia, houve um imediato aumento dos preços da cassiterita no mercado mundial.) Além dos estragos causados pela barragem, temos estragos igualmente graves ou piores na mineração: montanhas são demolidas, rios totalmente poluídos; no contexto geral da mineração da bauxita e do minério de ferro surgiram condições de abertura e exploração de selva, que levaram à devastação de cerca de cem mil quilômetros quadrados de floresta.

Vejamos agora o quadro completo. É claro que houve decisões erradas, perniciosas, de nosso lado. Mas as decisões do outro lado foram muito certas – *para aquele lado!* Um excelente investimento para o primeiro mundo, que assim obteve acesso às nossas

---

* Mais de trinta mil famílias – ribeirinhos, índios, moradores locais – foram atingidas pelas obras de Tucuruí, sem que sua situação fosse equacionada, nem no projeto, nem nas décadas que se seguiram à inauguração da obra. A população do entorno cresceu acelerada e desordenadamente com a vinda de trabalhadores para a construção, os quais depois ficaram ali como desempregados. Milhares de famílias locais, embora sacrificadas pela usina, jamais receberam energia elétrica. Conforme Philip Fearnside, do Instituto Nacional de Pesquisas da Amazônia, "o exame do caso de Tucuruí revela uma sobre-estimativa sistemática dos benefícios e uma subestimativa dos impactos pelas autoridades". Em estudo publicado em 2004, Fearnside afirma que "toda a economia brasileira tem sido distorcida pelas concessões negociadas como parte do acordo para permitir a construção de Tucuruí. Até 1991, as duas usinas de alumínio que recebem energia de Tucuruí estavam usando cinco por cento de toda a energia elétrica do Brasil (PINTO, 1991a). [...] Em 1985, o Brasil cobrava dos fabricantes de alumínio US$ 0,010/kwh, enquanto o Japão cobrava US$ 0,069 (LOBO, 1989). [... Em 1990, a usina de alumínio ALBRÁS pagou 22 mils (milésimos de dólar)/kWh e a ALUMAR pagou 26 mils, enquanto um consumidor residencial pagou 64 mils, três vezes mais que ALBRÁS (*Jornal do Brasil*, 17 de abril de 1990). A diferença entre a tarifa cobrada às usinas de alumínio e o custo de geração é subsidiado pela população brasileira através dos seus impostos e das suas contas de luz." (N.E.)

matérias-primas a preço de banana, sem ter que se preocupar com os estragos sociais e ambientais. Pode até acusar-nos por nossa irresponsabilidade ambiental e social...

Em suma, o primeiro mundo investiu em um esquema que lhe garante acesso barato a nossos recursos e nós pagamos todos os custos – sociais, ambientais e financeiros.

Até aquela parte, sempre considerável, dos dinheiros envolvidos na costumeira corrupção, acaba em contas bancárias no primeiro mundo, pode ser reciclado em esquemas semelhantes.

Quando é discutido o tema "dívidas externas", já começam a aparecer, mesmo em círculos financeiros e entre governantes do primeiro mundo, os que reconhecem que o fluxo do capital tem balanço negativo para o terceiro mundo. Isto é, o grande caudal do dinheiro flui do sul para o norte.

Ultimamente, os novos empréstimos têm servido quase que exclusivamente para ajudar o Sul a pagar os juros dos empréstimos anteriores. Em termos concretos: fazemos mais dívida para pagar a dívida. É claro que aumenta também a probabilidade de que ela nunca seja paga. Mas os banqueiros não são os verdadeiros donos do capital. Eles estão interessados no fluxo permanente dos juros. Para eles, desde que os juros não parem de manar, o esquema está certo. É dos juros que eles vivem. Todo capital que volta precisa logo ser reivindicado, precisa encontrar novo devedor.

Muito leigo em questões financeiras já deve ter-se perguntado: de que adianta emprestar mais dinheiro para que meu devedor, que já não consegue devolver o capital, possa pagar os juros atrasados? A dívida continua aumentando e aumenta o risco de eu perder o capital. Raciocínio correto para empréstimo entre particulares, mas para quem lida com capital alheio o raciocínio é outro. O banqueiro, o corretor de ações na bolsa de valores ou de mercadorias e o agiota vivem dos juros ou das comissões, eles ganham sempre. Só quebram quando há malversação, desfalque, corrupção, má administração ou, o que é mais comum, concordata fraudulenta.

O dinheiro dos grandes empréstimos internacionais pertence a governos, a milhões de pequenos poupadores e a grandes e pequenos especuladores. Quando é de governos, é dos contribuintes. Estes sempre pagam e sempre perdem, no imposto, na previdência, na inflação. Nunca recebem serviços e vantagens que correspondam realmente ao preço que pagaram. Na expectativa deles, esse é dinheiro de antemão perdido. Por isso, sonegam quando podem. Mas quando o pequeno economiza o que sobra, em conta bancária remunerada ou não, em geral não remunerada, ou aplica em poupança, está sujeito a surpresas muito desagradáveis, tais como desvalorizações repentinas ou mesmo confisco puro e simples. Quanto aos especuladores, em especial os grandes, esses sabem dos riscos que correm e os aceitam, mas costumam ser muito ágeis e móveis. Para eles não existem fronteiras nem as demais limitações, que impedem os pequenos de se defenderem adequadamente.

Portanto, os banqueiros e os governos não precisam estar muito preocupados. Quando lhes convém, às vezes até perdoam ou amortizam. Enquanto a coisa não estourar, os poderosos sempre saem ganhando.

Convém aqui apontar um aspecto funesto no funcionamento dos empréstimos multilaterais de desenvolvimento. O esquema tem retroação positiva, tende a expandir-se sempre mais.

Os responsáveis nos bancos gostam de dizer que os grandes projetos são ideia e pedido dos governos. Na verdade, a maioria deles foi sugerida e até elaborada pelos bancos. Estes administram somas fantásticas de dinheiro, e um dos dogmas mais fundamentais do pensamento econômico atual é o de que o dinheiro nunca pode deixar de crescer, os bancos precisam estar constantemente à procura de novos projetos para aplicação do dinheiro. Sendo tão grandes as somas de dinheiro, não interessam projetos pequenos.

Anos atrás, eu estava jantando em Washington com altos funcionários de um desses bancos. Eu representava o governo brasileiro, e estávamos em luta com eles. Eu falava dos desastres ambientais e sociais do Projeto Polonoroeste, que custou ao nosso país um endividamento de quase dois bilhões de dólares, desencadeou em Rondônia uma monumental devastação florestal e não resolveu o problema dos agricultores migrantes, marginalizados da política agrícola no resto do país. Cada agricultor assentado, assentado em geral por muito pouco tempo, até fracassar e abandonar a terra novamente, custou-nos entre 12 mil a 45 mil dólares. Mil vezes melhor teria sido se tivessem dado a cada um deles, em sua terra de origem, essa soma em dinheiro. Que não faria Amato João da Silva, o "homem gabiru", só com os juros de 45 mil dólares? Além do desastre agrícola e ambiental, esse projeto foi um desastre para os seringueiros e, pior ainda, para os índios. Sugeri ao banco que nos ajudasse pelo financiamento de esquema de extensão agrícola, para disseminar entre os assentados o conhecimento necessário para recuperar seus solos, com os métodos da agricultura regenerativa. Aqueles agricultores, como só conhecem os métodos da coivara (plantar na cinza da floresta derrubada), precisam derrubar sempre mais para sobreviver. Eu insistia que um projeto como o que eu estava sugerindo não custaria quase nada, em termos das quantias com que eles estão acostumados a lidar. Alguns milhões de dólares, apenas. Protestaram logo: "O senhor tem toda a razão, mas as suas ideias são muito baratas, não dá para administrar...". Reação perfeitamente lógica. Os gastos administrativos são enormes, os funcionários ganham salários que estão entre os mais elevados do mundo e só viajam na primeira classe. Projetos pequenos não suportam esses custos. Importante lembrar que, além de salários muito mais altos do que recebem os nossos deputados, senadores e vereadores, as promoções no *staff* desses bancos dependem do montante do empréstimo que o respectivo funcionário administra. Se quem administra um determinado projeto for muito cuidadoso, se ele se preocupar com estragos, consultar as populações afetadas, levar em conta a ecologia e, portanto, frear a transferência do dinheiro, seu balanço no fim do ano será menor que o do colega. Menos chance de obter salário ainda maior no ano seguinte. E essa gente tem *status* diplomático, não pagam impostos. O interesse em preservar e ampliar esses privilégios é insuperável. Por isso é que só muito recentemente esses bancos começaram a escutar os ecologistas e a consultar as populações afetadas. Foi necessária muita briga e muita exposição nos meios de comunicação, revelações sobre desastres como Tucuruí, Balbina, Samuel, Polonoroeste, no Brasil, ou as grandes barragens na Índia, a transmigração na Indonésia, as aplicações aéreas de inseticidas no Botswana, e outras loucuras mais. Esperemos que no futuro possamos fazer trabalhos sérios, de cunho ecológico e social com eles. Infelizmente, declarações recentes de dirigentes do Banco Mundial não nos permitem manter muita esperança.

Esses bancos têm ainda uma vantagem que os bancos comerciais não têm. É muito confortável emprestar para governos. Os governos dificilmente defraudarão créditos do Banco Mundial ou dos bancos regionais de desenvolvimento. A perda de crédito com os demais bancos seria total. Além disso, governo não é como credor privado. Empresas não podem confiscar poupanças, aumentar impostos, diluir pela inflação o pouco dinheiro que sobra no bolso do cidadão. Mas os governos podem sempre extorquir um pouco mais os seus povos.

Voltemos ao quadro geral. Além do balanço unilateral do fluxo dos recursos financeiros, que leva a uma concentração sempre maior no norte e a um empobrecimento sempre maior no sul, há outro aspecto, muito mais grave, que é totalmente ignorado nos círculos financeiros e de governo, especialmente no Sul: o fluxo material dos recursos. Como vimos no capítulo anterior, o pensamento econômico que hoje comanda tecnocracia, finanças e governos, só faz balanços monetários. Ainda não vi balanços de ministérios de economia do tipo: nossos recursos minerais nas jazidas eram tantos, já consumimos tanto, exportamos tanto, reciclamos tanto, sobra tanto. Tínhamos tantos milhões de hectares de solos agricolamente exploráveis, a erosão já destruiu irremediavelmente tanto, sobra tanto. Tínhamos a imensa floresta de araucárias no sul, sobram tais tristes e minúsculas relíquias, já seriamente ameaçadas etc. etc. No dia em que nossos economistas fizerem esse tipo de conta, o tipo de conta que os ecologistas sempre fizeram, não sobrará muito motivo para ufanismo. Verão que em termos reais o país só empobreceu.

O primeiro mundo, por sua vez, só cuida de que sua política financeira e as regras do comércio internacional lhe propiciem todas as matérias-primas de que necessita. Não lhe interessa o que acontece na origem. Se as minas se esgotam em um país, em uma região, sempre haverá outras minas, em outras regiões. Se as florestas se acabam na Malásia, Filipinas, Indonésia, sobram ainda na Nova Guiné, África tropical, Amazônia. Os "Mestrinhos" da vida* estão loucos para iniciar exportação maciça. Assim, o fluxo material, o fluxo que

---

* Gilberto Mestrinho: político nortista, atuou como governador do Estado do Amazonas, ataca ferozmente os ecologistas e advoga a exploração total da Amazônia. (N.A.)

realmente conta e que não podemos criar do nada, como fazemos com o dinheiro, o fluxo dos recursos, das matérias-primas, também é unilateral: predomina o movimento do sul para o norte.

O fluxo unilateral de matérias-primas é a verdadeira razão do crescente empobrecimento das massas no terceiro mundo.

Desde a última Guerra Mundial, as favelas, a destruição das culturas camponesas, a desestruturação social no campo, o êxodo rural e a consequente criminalidade nas gigantescas conurbações só vêm aumentando. Vêm aumentando na mesma proporção em que aumenta o que chamamos "desenvolvimento". O sul empobrece, o norte enriquece. Mas o norte também empobrece, em outros aspectos. Em países tão ricos como os Estados Unidos e a Alemanha cresce agora o número de pessoas desempregadas, desabrigadas, drogadas, crescem as enfermidades degenerativas e surge a ameaça de gigantescas e incontroláveis migrações do segundo e terceiro mundo ao primeiro.

Voltando à questão dos que temem a internacionalização da Amazônia, é preciso dizer: ela já está internacionalizada!

A Amazônia já está internacionalizada.

A defesa dessa internacionalização quem faz são exatamente os que faturam demagogicamente com esse *slogan*. No primeiro mundo, os que cobiçam os minérios da região, os que querem usufruir a preços vis as matérias-primas do terceiro mundo, não veem a mínima necessidade de invasão militar e ocupação de território. O atual modelo desenvolvimentista mundial já internacionalizou tudo. Para que enfrentar forças armadas e levantes populares, se as forças armadas dos países que detêm os recursos já estão a serviço do modelo? As intervenções armadas no Vietnã e no Afeganistão não foram propriamente intervenções colonialistas, foram ideológicas. Economicamente falando, foram estrondosos fracassos para os respectivos agressores. O Iraque é um caso especial. Entretanto, se olharmos a guerra do Iraque em termos meramente econômicos, de defesa do petróleo, deveríamos acrescentar ao preço do petróleo os custos dessa guerra e do grande armamento que existe para defender o petróleo. Ao fazer-se essa conta, se esses custos fossem adicionados, o preço do petróleo já estaria pelo menos triplicado. E como contabilizar as mortes, os estragos da guerra, os incêndios dos poços no Kuwait, os indescritíveis sofrimentos individuais? Alguém paga, mas não parece que sejam os que mais petróleo gastam em seus carros.

Os centros do colonialismo clássico eram os governos de países como a Grã-Bretanha, França, Holanda, Portugal, Espanha e alguns outros. Com o colapso da União Soviética, desapareceu o último grande império colonial europeu. Sobram no mundo alguns impérios coloniais menores, como a Indonésia, onde uma ilha, Java, domina e explora dezenas de outras, com povos e culturas diferentes. Na África, as fronteiras artificiais deixadas pelo velho colonialismo têm levado a novas relações de dominação. Tribos dominantes, no poder, oprimem as demais. Mas esses colonialismos primitivos, por sua vez, estão sujeitos ao neocolonialismo.

O neocolonialismo não tem Vaticano e não tem administração central. Não impõe governo, mas trabalha com todos os governos, em todos os países e em todos os níveis. Ele oferece uma ideologia extremamente persuasiva que, como vimos no primeiro capítulo, não é explícita, mas está sempre implícita e é hoje aceita por todos, cidadãos ou súditos, governos democráticos ou opressores. Pode haver, e muitas vezes há, corrupção, mas ela não é necessária. Os governos colaboram por convicção e o público também.

A origem dessa ideologia é a tecnocracia. É difícil definir com precisão o que é a tecnocracia. A definição mais curta e aproximada seria: o conjunto de todos aqueles, pequenos e grandes, indivíduos e corporações, que se aproveitam da técnica. Não há nada de essencialmente mau em aproveitar-se da técnica. As complicações e injustiças surgem quando algum esquema parcial desse grande sistema cresce demais e torna-se forte demais, como um câncer em um organismo vivo. O conjunto é imenso, difuso, diversificado e descentralizado, como um ecossistema. Como um ecossistema, diríamos quase como um bioma, ele não foi construído, baseado em um plano ou projeto e por ordem de alguém, ele evoluiu naturalmente. A ideologia que dele emana também não surgiu da cabeça de nenhum profeta. Adam Smith ou Marx, nessa igreja, são apenas reformadores, como o eram Lutero, Calvino ou Zwingli no Cristianismo. Mas os reformadores na tecnocracia são milhões, e quase todos são anônimos, a Reforma não para nunca.

À medida que certas técnicas e infraestruturas tecnológicas evoluem, ajudando a acumulação de capital e de poder para certos indivíduos e grupos, estes, logicamente, alicerçam seus interesses em ideologia adequada. O edifício ideológico global vai crescendo e se sofisticando aos poucos. Cresce como uma árvore, que acrescenta botões, folhas e flores, engrossa ramas e galhos, avolumando-os para formarem troncos, aprofundar raízes. O sistema tem tremenda capacidade evolutiva, cresce e se sofistica, inclusive com suas contradições e conflitos internos. A grande força desse esquema está, justamente, em seu crescimento orgânico, sem plano central. O comunismo, nesse contexto, foi uma seita que fracassou porque rejeitou as leis básicas do sistema, o crescimento orgânico, sistêmico. Eliminando todo o *feedback* (retroação) da base e concentrando todo o poder em um só papa infalível, ele se esclerosou.

O neocolonialismo difere também do colonialismo clássico em outro aspecto importante: ele não respeita qualquer tipo de fronteira.

Uma colônia inglesa era domínio inglês, uma colônia francesa era domínio francês. Hoje a própria polarização é difusa. Assim como a dominação transcende fronteiras, ela também acontece de diferentes formas dentro das fronteiras políticas. Os dominadores e dominados podem estar ou não limitados a uma nacionalidade. Em nosso país temos neocolonialismo dentro de nossas fronteiras, lado a lado com outras formas de dominação, que vão até o feudalismo, como no nordeste. O que acontece na Amazônia é uma rapina que o sul industrial do país, com ou sem participação transnacional, pratica no norte. A mineração, a exploração de madeira, as fazendas de gado, os projetos de colonização que têm como finalidade evitar a reforma agrária no centro e no sul, tudo é comandado pelo sul, com a finalidade de obter matéria-prima barata e abrir mercado para as indústrias do sul. Quando a exportação é direta, no caso de minérios e madeira, quase sempre os beneficiados são empresas do sul industrial, aliadas a multinacionais. No caso de Tucuruí/Carajás, como vimos, essa relação é claríssima. O pouco que sobra para o Brasil está em mãos de número bem reduzido de empresas. O povo local só sofre. **Os custos sociais e ambientais ficam na Amazônia, os lucros no sul e em ultramar.**

Quem observa o comércio nas novas cidades de Rondônia – é difícil encontrar no mundo cidades mais feias – constata logo que praticamente não é oferecida mercadoria de fabricação local. Tudo vem do sul. Até no restaurante. O frango e a alface vêm de São Paulo. No supermercado, a vara para pescar vem do sul. Logo ali ao lado, no que resta de bosque, existem as mais diversas espécies e formas de bambus e taquaras, ou palmeiras pequenas com hastes de extrema flexibilidade. O índio sabia o que fazer com elas. Mas a nova "civilização" ignora a natureza local. Não só ignora como combate. Hábitos locais são desmoralizados. Até nos remotos seringais, o caboclo compra bolacha de trigo importado e come sardinha enlatada. Já começa a cozinhar com gás engarrafado. Os botijões viajam mais de dois mil quilômetros, em caminhões e por via fluvial. O que há de mais abundante em Rondônia, pelo menos nessa fase, é lenha. Milhares de toneladas de troncos e galhos apodrecem nas "lavouras", nos terrenos abandonados, em beiras de estradas. Ninguém aproveita. Quem, em Porto Velho, observa o rio Madeira, pode constatar como ele carrega milhares de troncos, galhos e árvores inteiras, com raiz, resultantes da devastação a montante. Ninguém se preocupa. A aviação com hidroaviões já se tornou impraticável, os aviões se espatifariam nos troncos.

Em Ji-Paraná, na década de 80, quando lá estive filmando o seriado *A Década da Destruição*, a usina da Eletronorte queimava 600 litros de óleo combustível por hora. O óleo vinha em carro tanque desde Santos, carros que voltavam vazios. Entretanto, bem próximo a essa usina havia uma serraria enorme, com impressionantes montanhas de retalhos de madeira e suficiente capacidade de fornalhas e caldeiras para, com esses retalhos, produzir toda a eletricidade de que Ji-Paraná necessitava. A serraria ofereceu-se a fazê-lo. A Eletronorte não aceitou. Não quero, com isso, defender as serrarias, são uma desgraça, praticamente todas ilegais na Amazônia, mas apenas mostrar o gritante descalabro desse modelo energético e econômico. Esse endocolonialismo, em seus nefastos efeitos para a natureza e a sociedade local, não difere muito do colonialismo clássico.

A exploração madeireira que agora está acabando com as florestas tropicais úmidas na Indochina, Malásia, Filipinas, Indonésia e Nova Guiné, e com as florestas temperadas úmidas no Canadá e nos Estados Unidos, é puro saque, como o é a da Amazônia. Ela se processa contra a luta desesperada dos povos nativos, que sempre souberam preservar suas florestas, desfrutando-as sem devastar. O que recém estamos descobrindo é que grande parte da floresta Amazônica é antropogênica. Por séculos, os índios sempre plantaram árvores úteis para eles, especialmente ao longo de suas rotas de migração.

No encontro do presidente Collor com o chanceler da Áustria, em Viena, em dezembro de 1991, este último se preocupava: "mas quem sabe se, ao negar-nos a comprar a madeira de países como o seu, como pedem os ambientalistas, não estaremos condenando à miséria os nativos, que vivem da renda dessas exportações?" Que desinformação! A esse ao menos tive oportunidade de explicar que a realidade é bem outra. No primeiro mundo e nas classes abastadas do terceiro, é muito comum ouvir-se o argumento de que as últimas selvas têm que cair porque precisamos alimentar as massas famintas provenientes da explosão demográfica.

É o surrado argumento da "poluição da miséria". No entanto, é a rapina dos ricos que faz a pobreza dos pobres.

A fome no Sahel pouco tem a ver com as grandes estiagens da região. Aqueles povos, durante milênios, sempre souberam arcar com a seca. Seus estilos de vida estavam perfeitamente adaptados ao seu meio ambiente. O que os deixou na miséria foi o "desenvolvimento", a destruição de seu meio de vida tradicional. Fronteiras artificiais, herança do colonialismo clássico, hoje instrumento de endocolonialismo, cortaram suas rotas tradicionais de migração no pastoreio nômade, único estilo de vida sustentável naqueles ecossistemas. Além disso, a invasão de uma agricultura dita moderna, mas inadequada, de exportação, nas mãos de poderosos de fora, roubou-lhes o pouco território que sobrava.

Exatamente esse tipo de marginalização está agora acontecendo com os Massai, no Quênia.* Durante séculos souberam conviver com a magnífica fauna da savana do planalto central africano. Flora e fauna tinham sua sobrevivência garantida, apesar de tratar-se de uma

---

* Uma descrição da degradação do ambiente e da sociedade massai, que se iniciou com a colonização inglesa, se encontra na autobiografia da queniana Wangari Maathai. Wangari ganhou o Prêmio Nobel da Paz em 2004, por seu trabalho de organização social para promover o reflorestamento do país, trabalhando especialmente com mulheres, mobilizadas a plantar árvores. A autobiografia de Wangari ainda não está disponível em português, mas o primeiro capítulo, em inglês, pode ser lido no site: www.greenbeltmovement.org . (N.E.)

cultura bastante nova, que veio do norte apenas alguns séculos atrás. Apesar de seus rituais incluírem o abate de um leão com lança para cada jovem, na cerimônia de iniciação, eles não acabaram com o leão e com nenhuma outra espécie, da gazela ao elefante, hipopótamo e girafa. O que é triste agora é ver, de um lado, o declínio dessa bela e nobre cultura, do outro, a insustentabilidade da agricultura invasora, que já começa a deixar atrás de si áreas de solo totalmente degradados, onde nem o gafanhoto não tem mais vez. Mas o "progresso" segue.

Em um lugar do Piauí, não muito longe de Teresina, havia uma bela cultura agrícola autóctone, uma das raras culturas camponesas caboclas no Brasil. Essa gente estava fazendo exatamente o que técnicos europeus, que durante quinze anos estudaram a região, chegaram à conclusão de que ali deveria ser feito: plantios predominantemente arbóreos, alguns cultivos de enxada, adubação orgânica, galinhas, porcos, cabritos. Tudo em uma estrutura social coletivista. O conselho da comunidade indicava todos os anos o que plantar, onde e por quem. Tinham festas, danças, cantos, um profundo sentido comunitário, até que um belo dia chegam os tratores de um "fazendeiro", que se dizia dono legal de toda aquela terra. Os tratores tudo demoliram, casas, árvores frutíferas, palmeiras, piquetes, queimaram tudo, expulsaram todos. Estão na favela. No lugar onde viviam, imensas plantações de cana... Progresso? Para quem?

O mito mais insidioso da Moderna Sociedade Industrial é a ideia de que o progresso tecnológico necessariamente traz felicidade para povos "primitivos", que até então teriam sido inerentemente pobres.

Ora, os povos tribais, em suas culturas tradicionais intactas, eram muito ricos, no verdadeiro sentido da palavra. Viviam vidas significativas, de grande identidade individual e social, com necessidades materiais satisfeitas, e espiritualmente integrados em seu meio, com formas de convívio social cooperantes, não competitivas, convívio, festas, danças, cantos, música e rituais de integração no universo. Muitas dessas culturas, em seus idiomas, nem tinham palavra para o que chamamos trabalho. Toda sua atividade era recreação. Não havendo distinção, também não precisavam desta última palavra, nem sair desesperadamente atrás de "lazer", como nós. Comparada àquelas culturas, triste é a vida na maioria das vilas e favelas de hoje. As pessoas levantam-se às quatro ou cinco horas da manhã, sofrem horas em um incômodo transporte público, passam oito horas em linha de montagem ou em trabalhos cansativos, repetitivos ou boçalizantes, sem nenhum sentido espiritual, frustrados pelas privações que sofrem e confrontados com envolvente e agressivo aparato publicitário, que os atiça a perseguir o que nunca terão condições de comprar. Se progresso deve ser definido em termos de mais felicidade e satisfação, alegria de viver para maior número de pessoas, então não houve nenhum progresso para a maior parte da população. Houve só deterioração.

De fato, de 1945 para cá, quando começou e se alastrou o "desenvolvimento" – antes a palavra não era usada na política –, a miséria, em números absolutos e relativos, só aumentou. Houve um tremendo aumento na marginalização e consequente empobrecimento de imensos setores da população. Entretanto, o que mais se ouve da boca de políticos, em todo o mundo, é que precisamos de "mais desenvolvimento", inclusive desenvolvimento para dar-nos os meios para combater os estragos causados pelo desenvolvimento.

A devastação em geral antecede a pobreza e é, justamente, a causa da pobreza.

Só a obscenamente equivocada barragem de Balbina, no estado do Amazonas, construída contra as insistentes advertências de técnicos e ambientalistas, ao inundar uns três mil quilômetros quadrados para produzir ridículos 60 MW sustentáveis, expulsou por volta de quinze mil pessoas de suas terras ancestrais, onde desfrutavam da floresta sem causar devastação. Há os que insistem que, na questão das reservas indígenas, estamos "dando muita terra para pouco índio". Porém, antes de mais nada, não estamos dando – "restituindo" seria um termo mais adequado. E os que dizem isso são os mesmos grupos que marginalizaram o povo de Balbina. Lá, se os números que tenho estão corretos, havia aproximadamente 20 hectares por pessoa; em média, cem hectares por família. Terá sido terra demais para eles? Já quanto à energia produzida pela hidrelétrica, são irrisórios 200W por hectare. Cada árvore de porte médio capta um múltiplo disso em energia solar por dia. É perfeitamente lógico que agora a Eletronorte esteja pensando em abandonar a usina. E há os que pretendem fazer algo mais lógico ainda: desviar um rio de outra bacia para dentro do lago da barragem. Que festa. Mais obras, mais corrupção, mais desastre ecológico, mais exclusão social.

Com isso chegamos a um ponto-chave na lógica de grande parte do desenvolvimento atual, especialmente quando se trata daquilo que os tecnocratas e seus aliados, os burocratas, mais amam: a megatecnologia. Em minha vida profissional, como consultor e empreiteiro em agricultura regenerativa, tecnologias brandas, paisagismo ecológico, saneamento natural, reciclagem de resíduos industriais e domésticos, estações biológicas de tratamento de esgotos, sempre pude comprovar que os administradores públicos, quase sempre, preferem obras caras e suntuosas.

Minha maior dificuldade sempre foi conseguir vender projetos simples e baratos.

Só recentemente, com a grave crise econômica e a crônica falta de dinheiro, conseguimos fazer algumas obras boas, que teriam sido impensáveis anteriormente. Interessante, entretanto, é notar (o que é também perfeitamente lógico) que é muito mais fácil vender uma obra alternativa e barata a um industrial do que a um prefeito ou governador. Quando se trata de vantagem para sua empresa, o industrial faz conta com lápis bem apontado. Aqueles que, contra todas as advertências de natureza energética, social e econômica, insistiram na construção de Balbina, não estavam interessados em eficiência energética, estavam interessados nos custos da obra, no grande fluxo de dinheiro que ela desencadeou. Se houve corrupção, seria fácil comprovar, caso existisse vontade política para tanto.

A lógica dessas grandes obras é a mesma da corrida armamentista, ainda não totalmente extinta. Cada lado tinha centenas de vezes o poder calcinante para totalmente aniquilar seu adversário. Embora ninguém possa morrer duas vezes, cada lado continuava freneticamente aumentando seu poder genocida. A lógica teria de ser uma lógica militar, mas prevaleceu a lógica tecnocrática. Se o negócio é fabricar bombas, jatos, submarinos, mísseis, jamais haverá bomba e míssil em quantidade suficiente – nem que seja só para desfile nas datas cívicas.

Para as grandes empreiteiras e para os políticos corruptos, jamais haverá barragem que chegue.

Para os fabricantes das infames usinas nucleares, apesar das advertências sinistras que nos deixaram Chernobyl e Three Mile Island, apesar de estarem cientes das inevitabilidades catastróficas que estão por vir, não há e não pode haver usina que chegue. No Brasil, conseguiram até reiniciar as obras de Angra II que, junto com Angra I, está tão adequadamente localizada, entre as duas maiores conurbações do nosso país e da América do Sul!

Anos atrás, em um debate público na televisão, eu chamava a atenção para o aspecto de (in)segurança nacional que as usinas de Angra representam. Eu dizia que se algum dia essas usinas, contendo em seu bojo, depois de alguns anos de funcionamento, material radioativo correspondente ao de dezenas de milhares de bombas tipo Hiroshima, se um louco qualquer resolver nos incomodar, esse louco poderia, de uma distância além das duzentas milhas, com submarino convencional, com míssil e bomba convencionais, conforme a direção do vento, apagar São Paulo ou apagar o Rio de Janeiro. Meu interlocutor, representante da agência oficial de energia atômica (Nuclen), protestou veementemente: "mas não, não apaga não, nós temos reservas suficientes em outras usinas do sistema interligado para manter as luzes acesas". Não me contive: "mas não são as luzes que apagam, bobalhão, serão as vidas de milhões de pessoas!"

Talvez tenhamos sorte. Angra I, até agora, em seu ritmo de vagalume, parece que não quer funcionar mesmo, ainda bem. Talvez com Angra II aconteça algo parecido ao que aconteceu com o reator regenerativo alemão, Kalkar (mas é triste saber que o esfolado povo brasileiro mais uma vez pagará a conta). Quinze anos atrás, Kalkar tinha sido orçado em 300 milhões de marcos alemães. Já sepultou em suas gigantescas estruturas de concreto e aço mais de 7 bilhões. Os construtores queriam mais alguns bilhões para completar a obra. Finalmente o governo alemão criou juízo. Insistiu em que as firmas de fornecimento de energia elétrica arcassem com essas somas. É claro que não mostraram interesse, sabem que essa energia, se forem feitas todas as contas que os empresários fazem quando se trata de seu próprio dinheiro, é a mais cara que existe. Só a querem quando é o governo quem paga. O mais irônico é que Kalkar iria produzir mirrados 300 MW, e o mais preocupante é que reatores regenerativos como Kalkar, com sua refrigeração a sódio líquido e plutônio como combustível, são milhares de vezes mais perigosos do que os reatores convencionais de urânio com refrigeração a água sob pressão ou em ebulição. Temos aí um exemplo perfeito do tipo de pensamento que predomina nas grandes obras. Para todas aquelas empreiteiras, grandes fábricas, políticos corruptos que embolsam bilhões e que queiram embolsar ainda mais, pouco importa se a obra prestará os serviços que se pretendia oferecer à população. Os seus negócios estão garantidos.

No Brasil, pelas fantásticas alternativas suaves e descentralizadas com que contamos, ninguém, mas ninguém mesmo, poderá argumentar que as usinas nucleares são indispensáveis para nós.

As astronômicas somas em dinheiro do povo que elas devoram poderiam ser empregadas de maneira muito mais produtiva nessas alternativas e na pesquisa para soluções realmente brandas, populares e ambientalmente limpas.

Essas mastodônticas obras são exemplo acabado de como o estrago ambiental não necessariamente está ligado à "poluição da miséria". Pelo contrário, em geral é gente muito rica e poderosa que causa os estragos que, na melhor das hipóteses, além de contaminação, significam mais inflação e impostos, mais câncer, enfermidades congênitas para os que hoje vivem e terríveis perigos para gerações futuras – algumas tão futuras que, caso permitamos que venham a existir, viverão em civilizações que talvez conservem menos memória histórica de nós do que nós temos do Paleolítico. Será que os responsáveis por essas obras sinistras não sabem mais abrir livros de física? Já esqueceram que o plutônio tem meia-vida de 24.400 anos? E que, portanto, é necessário meio milhão de anos, vinte meias-vidas, para que o plutônio se degrade, até sobrar apenas um milionésimo da quantidade inicial (0,5 elevado a 20 = 0,000.000.95)? Hoje já circulam no esquema nuclear mundial milhares de toneladas de plutônio. Será que também já esqueceram que com apenas 7 quilos de plutônio, com técnica que ninguém mais desconhece, se pode fazer uma bomba atômica? Uma bomba supersuja, daquelas que foram alardeadas como sendo capazes de matar tudo o que se move, mas deixando bastante intactas as propriedades do inimigo... E não faltam terroristas loucos que gostariam de brincar com esse tipo de coisa. Será que esqueceram que o plutônio é a substância mais tóxica, radiotóxica, que se possa imaginar? Se fosse possível distribuir uniformemente sobre todo o planeta uma quantidade de plutônio do tamanho de uma laranja-de-umbigo, seria suficiente para acabar com toda a vida. Comparado com plutônio, a dioxina, o mais potente veneno já sintetizado pelo homem, é brinquedo de criança.

Nosso país ainda está bastante livre desse tipo de horror, será que somos tão idiotas que não teremos como evitar os erros dos quais outros já se arrependem?

Temos de insistir: não é a pobreza que está na raiz dos problemas ambientais mais dramáticos. As verdadeiras causas dos estragos vêm antes da pobreza. A pobreza, em todas as suas formas, a miséria da privação das necessidades básicas, a miséria da privação de um mundo são, limpo e belo, a miséria da perda de saúde, a miséria da alienação, são consequências do modelo econômico vigente e continuarão a agravar-se enquanto perdurar o modelo.

Também não podemos esperar que simplesmente mais escolas, mais educação, venham a resolver o problema da pobreza e da devastação. No Rio Grande do Sul, em meus empreendimentos empresariais, tenho comprovado como gente analfabeta, sem nenhuma instrução, só com a sabedoria da experiência vivida, quando se lhes dá chances, se dedicam integralmente, trabalham duro, sem necessidade de pressão de cima, ganham bem, se sentem realizados e desenvolvem sua imaginação e criatividade. A quase totalidade dos pobres e marginalizados são gente que teve suas chances tolhidas pelos poderosos. Torna-se então muito fácil para estes acalmar sua consciência com atos caritativos, de preferência envolvendo obras custosas, em cuja execução voltam a ganhar dinheiro.

Uma pequena história, real e atual. Em um de meus trabalhos de reciclagem de resíduos industriais, resolvi também achar solução para o lixo doméstico de uma vila residencial, escritórios e restaurante. São cerca de dez toneladas diárias. Descobri logo que o lixo era levado a um lugar distante uns 20 quilômetros e vertido em uma velha saibreira. No fundo do buraco, no meio da fumaça do lixo em fogo, em situação de insalubridade total, um homem de seus quarenta anos, preto, alto e forte, porém totalmente desmoralizado, trabalhava catando papelão e cartolina. Na margem do buraco fazia fardos. De vez em quando vinha um sucateiro comprar o material, quando havia – era comum garotos da região meterem fogo nos fardos enquanto o homem trabalhava lá embaixo. Ali ele vivia com sua mulher e dois filhos. Ganhavam menos que um salário-mínimo. Em sua situação de desespero, era tão acanhado que se tornava difícil conversar com ele. Mesmo assim, consegui sugerir-lhe uma solução racional para o problema. Fizemos um canteiro de obras, 30 por 40 metros – no Brasil, o que mais temos é espaço –, e improvisamos um galpão, com madeiras usadas e sucata. Seu filho mais velho sabia assinar o nome, e foi em nome dele que constituímos a microempresa da família. Minha empresa então firmou com eles um contrato muito simples, no qual lhes era concedido o direito de catar o que quisessem e vender onde e como lhes aprouvesse. Não cobramos um tostão e não perguntamos quanto ganhavam. Mas cobramos algo importante: ordem, disciplina e limpeza, não queremos ver papel voando na paisagem. É muito comum ouvir-se o comentário de que "este povo é vadio, são pobres porque não querem trabalhar". Pois esse homem, quando viu que a coisa era séria, atirou-se ao trabalho, trabalhava quinze horas por dia, sábado e domingo. Aprendeu com rapidez a manter ordem e disciplina, ia resgatar longe os papéis e plásticos que o vento levava. A coisa evoluiu, hoje ele tem prensa para papéis e balança, as construções melhoram constantemente, a família ergueu uma casinha no local, para refeições e descanso. Na cidade, ele agora tem moradia. Já no primeiro ano comprou carro (um calhambeque, é verdade), e agora conta com um pequeno caminhão. O canteiro de trabalho dele é tão ordeiro que não se vê mais mosca. Com os restos da comida do restaurante, alimenta porcos, galinhas e gansos. Pelas minhas contas, ele ganha entre 600 e 800 dólares por mês. Ultimamente já não trabalha aos domingos, vai passear com a família. Agora ele é gente.

Já apresentamos esse trabalho a dúzias de prefeitos de cidades pequenas. A maioria não gosta. Acham muito primitivo. Preferem investir em usinas... Recentemente fui informado de que a cidade de Brasília, em uma de suas usinas de lixo, gasta 60 dólares por tonelada. Em São Paulo, os chamados "aterros sanitários" custam ainda mais. Na Alemanha chegam a gastar 300 marcos por tonelada de lixo (cerca de 200 dólares), e não se recupera nada. Preciosas matérias-primas são simplesmente incineradas ou enterradas. Lindos presentes para as gerações futuras... Nosso amigo Tijolo, como é conhecido o homem que há pouco mencionei, trabalha de graça para nós, ganha bem, está feliz, os filhos vão para a escola. Se aplicarmos o padrão de Brasília, ele está nos economizando 15 mil dólares por mês! Para a sociedade, está prestando um serviço nobre, devolve recursos que estariam perdidos, papel, cartolina, papelão, plásticos de todos os tipos, metais, vidros. E ainda produz comida para si e vende uns dez porcos por ano, bem tratados.

A tecnocracia deveria ficar contente. Tijolo agora é um consumidor. Antes ele comia lixo.

Esse é apenas um exemplo entre a infinidade de trabalhos alternativos que poderíamos estar fazendo, agora, operando na situação atual, sem esperar que antes apareçam os resultados de uma nova educação – e não me entendam mal, a necessidade de educação é inquestionável. Mas podemos mudar as coisas *agora* com novas atitudes. Não é com gigantescos empréstimos de bancos multilaterais que vamos resolver o problema da pobreza. Esses dinheiros acabam sempre enriquecendo ainda mais os que já estão ricos demais.

No caso específico do lixo, argumenta-se: mas que fazer quando temos centenas ou milhares de toneladas por dia? A resposta é simples: descentralizem!

Cada bairro pode ter seu pequeno canteiro de obras. Se a população ajudar, separando na origem, será ainda mais fácil e mais eficiente.

Nos demais campos do saneamento, tratamento de esgotos, por exemplo, as soluções descentralizadas e adequadas são baratas, tão baratas que podem ser executadas com recursos locais, são biologicamente fascinantes e geram mais emprego. Em todas as cidades pequenas e médias e nos bairros das grandes metrópoles poderíamos rapidamente resolver muitos problemas, desde que pensemos soluções brandas. Entretanto, a tendência é sempre partir para soluções caras, megatecnológicas, de preferência com financiamento internacional. Ou, na falta desse, simplesmente não fazer nada. A quase totalidade de nossas cidades está nesta última situação.* O complexo urbano de Taguatinga, em Brasília, com mais de um milhão de pessoas, larga

---

* Em função disso, o problema da dengue e da febre amarela ressurgiu com força nos últimos anos, e agora se alastra perigosamente pelo país. (N.E.)

seu esgoto em arroio. Ceilândia está sendo construída sem previsão de tratamento de esgotos.

O maior potencial para desmarginalização, no entanto, está na agricultura.

Na agricultura é que temos as grandes oportunidades para trabalho humanamente significativo e ecologicamente curativo, mesmo antes de reestruturações sociais importantes, como seria uma reforma agrária de verdade. Grandes e pequenos só têm a ganhar com os métodos regenerativos, ecológicos. Mas a sociedade como um todo é que mais tem a ganhar, se conseguirmos afastar-nos progressivamente do latifúndio, em direção a uma agricultura mais camponesa que, nem por isso, precisa ser primitiva, pode aproveitar as técnicas e maquinarias mais modernas. Para ilustrar esse ponto, basta observar atentamente a diferença fundamental entre as paisagens e o estilo de vida no oeste catarinense e na zona colonial do Rio Grande do Sul, comparando-os com as diferentes regiões do nordeste e as regiões canavieiras de São Paulo.

Camponês e latifundiário diferem basicamente, não tanto por seus métodos de cultivo, mas por seus alvos. O camponês quer produzir comida, para si e para sua comunidade, com um saldo para vender. Quer viver em comunidades aconchegantes. Quem persegue esse tipo de alvo não vai plantar só café, só cacau ou só algodão. O colono no Rio Grande do Sul, quando sua cultura camponesa ainda estava intacta, plantava cereais: trigo, cevada, aveia, centeio, milho, arroz, sorgo; plantava batata-doce, batata-inglesa, mandioca; plantava forragem e fazia feno; plantava verduras e tinha pomar e parreira; tinha gado e cavalos, ovelhas, cabritos, galinhas, gansos e marrecos. Mesmo quando não tinha dinheiro, tinha sempre mesa farta. Uma cultura camponesa cria, automaticamente, paisagem complexa, cheia de vida, com aldeias e cidades ricas em atividade social e cultural, com suas escolas, ginásios, igrejas, clubes, bandas, orquestras, caça, pesca. O colono do Rio Grande do Sul não precisava de governo, este só aparecia para cobrar impostos. Os colonos tinham até sua própria previdência social, bons hospitais, bancos, artesanatos, pequenas indústrias. A previdência social, o *Hilfsverein*, foi desmantelada por Getúlio Vargas, para dar lugar ao descalabro centralista que temos hoje.

Durante dois mil anos, na Europa, as culturas camponesas, todas localmente adaptadas e ecologicamente sãs, foram a base da riqueza daqueles países, sempre tornaram possível a recuperação após as devastações das guerras desencadeadas pelos poderosos. A grande diferença que houve no desenvolvimento entre Estados Unidos e Brasil se deve a que lá predominou, desde o começo, uma agricultura camponesa.

Ainda hoje são raras as propriedades de mais de cem acres (aproximadamente 40 hectares). Só no sul houve latifúndio e, portanto, escravatura. O colono brasileiro nunca teve escravos, apesar de grande parte de sua história ter-se passado no tempo da escravatura. No Brasil aconteceu o contrário do que aconteceu nos Estados Unidos: com exceção do sul, sempre predominou o latifúndio, com escravatura no passado e muita miséria hoje.

Além de todas as vantagens sociais e culturais das comunidades camponesas, estas ainda, com sua paisagem complexa, preservam bem melhor a diversidade biológica.

O latifundiário, por sua vez, não está preocupado em produzir comida É suficientemente rico para comprá-la, até mesmo importá-la de ultramar. O alvo do latifundiário é fazer dinheiro, manter e ampliar poder. Faz aquela monocultura que, nas condições locais de solo, clima, natureza, lhe dá a chance de fazer mais dinheiro. O fazendeiro faz só *cash crops*, cultivos de mercado. Surge, assim, uma paisagem simplificada, biologicamente empobrecida, que os biólogos gostam de chamar de "desertos verdes", como os mares de cana, hoje tão comuns em São Paulo e no nordeste. Para trabalhar em suas imensas lavouras, o latifundiário precisa de muita gente pobre, disposta a trabalhar por salários miseráveis. Daí que o latifundiário terá que fazer uma política que mantenha grandes massas na pobreza, mesmo que o faça inconscientemente. Enquanto que nas regiões camponesas se estabelece prosperidade geral, com equilibrada distribuição de riqueza e justiça social, nas regiões de latifúndio temos uma pequena "elite" muito rica e grandes massas de gente muito pobre, sobrando muito pouco no meio. Na década de 50, eu trabalhava na Venezuela. Em uma região de latifúndio de cana conheci um usineiro de açúcar que a seus boias-frias pagava, na época, cinco cruzeiros por dia (aproximadamente US$ 1,50). Mas para aqueles que se comprometiam a não mandar seus filhos à escola pública, ele pagava oito cruzeiros.

Em nosso país, quase sem exceção, os fazendeiros não vivem na fazenda. Eles têm casa na cidade média mais próxima, apartamento ou casa na cidade grande, Rio, São Paulo, Recife, Porto Alegre. Quando podem, têm apartamento em Miami, Nova York ou Paris. Passam a menor parte de sua vida na fazenda. Eles não têm amor a terra. A fazenda é para eles um instrumento de ganhar dinheiro, muitas vezes, quando ganham a vida na cidade em outras profissões, instrumento para evitar o pagamento de impostos. No Rio Grande do Sul, onde temos uma cultura latifundiária ecologicamente muito boa – a criação extensiva de gado quase não afeta a paisagem natural –, os fazendeiros, em sua quase totalidade, não conhecem a sua fazenda, isto é, não a conhecem nos termos em que conhece um naturalista. Não conhecem seus bosques, arroios, sua flora, suas peculiaridades geológicas e biológicas e, pior, não fazem questão de conhecer. Isso é muito triste. Sem esse conhecimento e sem amor, acabam arrendando para gente que produz muita devastação, ou a fazem eles próprios. A fazenda não é a parte mais importante de suas vidas, esta se passa na cidade, muitas vezes como políticos. Nunca consegui compreender como certas pessoas que conheci de perto, que são donos de pedaços de terra que são verdadeiros paraísos, preferem estar no meio da politicagem de nossos parlamentos e governos, deixando a fazenda nas mãos de capatazes insensíveis, que degradam sempre mais a terra.

Poucos anos faz, participei de uma reunião com fazendeiros no interior do Rio Grande do Sul. Discutíamos a possibilidade de criarem mais ovelhas, criá-las de maneira mais racional, com menos perdas. Hoje, naquelas fazendas, por desleixo, é comum morrerem mais de 50% dos cordeirinhos que nascem. Na tal reunião, um jovem, filho de fazendeiro, que acabara de retornar de uma viagem à Nova Zelândia, fez uma exposição muito reveladora, com projeção de diapositivos. Mostrava como naquele país o fazendeiro de ovelhas, em geral, não tinha mais que duzentos hectares de terra, e mantinha seus pastos em muito bom estado, com azevém e leguminosas, cuidava, ele mesmo, com mulher e filhos, de seu rebanho, fazia reparações em galpões e casa ou máquinas. Vivia em casa bela, mas simples, tinha renda entre dois a três mil dólares por mês, mandava seus filhos à escola da aldeia, uma boa escola; visitava exposições internacionais. Terminada a palestra, um dos fazendeiros exclamou: "mas esta gente não tem nível de vida, eles trabalham!" Não teve vergonha de dizê-lo na frente de grande número de peões que estavam presentes, talvez os únicos daquele grupo de pessoas que sabiam o que era trabalho...

O fazendeiro sempre se queixa de problemas e pede ajuda do governo, enquanto o colono só quer ser deixado em paz, para trabalhar tranquilo. Em minha juventude, nos anos 30 e 40, governo Getúlio Vargas, chocaram-me profundamente certas notícias que lia nos jornais. Naquela época, a colônia encontrava-se em grande auge econômico, era o "*boom* da banha" (naquela época, é claro, não conhecíamos a palavra *boom*, mas não consigo lembrar qual o termo que usávamos), vivia um tremendo florescimento econômico e cultural. Ao mesmo tempo, os fazendeiros no Pampa queixavam-se de séria crise. O governo inventou então o "reajustamento econômico". Lembro-me muito bem: no bonde, lendo jornal ao lado de meu pai, perguntei o que isso significava. "Reajustamento econômico significa que o governo perdoa todas as dívidas dos fazendeiros", explicou-me meu pai. Eu já conhecia fazenda e colônia. Durante as férias escolares, meu pai me fazia trabalhar em oficinas, em construções, com colonos e em fazendas. Pagava para isso, queria que eu conhecesse o mundo. Como lhe sou grato! Em minha juvenil ingenuidade, não podia compreender como podiam estar em dificuldades os fazendeiros, com propriedades de milhares de hectares cada um, enquanto os colonos, com vinte hectares, estavam bem, pagavam impostos e não se queixavam. Daí que, dali para diante, a colônia foi sistematicamente demolida pelos governos controlados por latifundiários.

Em etapas sucessivas, a colônia foi esvaziada de sua vida econômica.

Primeiro fecharam os moinhos de trigo. Na época os colonos, em suas lavourinhas de poucos hectares, produziam mais trigo do que hoje se produz nas lavouras mecanizadas e quimificadas da serra gaúcha. Logo depois fecharam os pequenos matadouros locais – na época, a colônia, com seus cinco a dez animais por propriedade, também produzia mais carne do que toda a região da fazenda no imenso Pampa. Sempre inventaram razões sanitárias para o fechamento das pequenas indústrias. Na realidade, estavam defendendo os interesses dos grandes moinhos multinacionais e dos grandes frigoríficos. Fecharam as pequenas fábricas de fiambres, fecharam os laticínios locais; proibiram a venda direta de leite. Na colônia italiana proibiram a venda dos vinhos que o colono produzia em sua própria cantina. As casas dos colonos italianos eram bem típicas – sempre junto a uma encosta, com a cantina debaixo da residência. Hoje, o colono tem que entregar toda a sua uva a grandes empresas, em fevereiro. Vai receber o pagamento em maio, junho, após longas discussões e brigas de preço, um preço geralmente ruim. O colono que ainda faz vinho em casa, vinho realmente biológico, com microbiologia e sabor local, sabor de uva, sem química, tem que contrabandear de noite ou corromper fiscal se quiser vender. Em qualquer país vitícola sério do mundo, o viticultor faz e vende seu próprio vinho. No Brasil, não. Hoje, na região vitícola do Rio Grande do Sul, muitos colonos erradicam seus vinhedos, enquanto chegam às grandes cantinas os carros-tanques com álcool de cana de São Paulo e caminhões com cargas de açúcar, e essas cantinas são visitadas por agentes da indústria química... Nada estranho que muitos desses vinhos de vinícolas, com seus ridículos rótulos, com nomes alemães burlescos, façam o infeliz consumidor acordar no dia seguinte com tremenda dor de cabeça.*

Desenrola-se agora o drama final nos vales das antigas colônias alemãs: a invasão de fábricas de calçados. Para aproveitar a mão de obra da juventude expurgada da colônia, essas fábricas se instalam no meio dos colonos. Os rapazes e as meninas acham muito bom trabalhar na linha de montagem, por um salário-mínimo ou pouco mais, um dinheirinho no bolso, enquanto continuam comendo e dormindo na casa dos pais. Os velhos, sem mão de obra, acabam vendendo a propriedade. Frequentemente, para algum empresário urbano, que faz ali casa de fim de semana. O dinheiro da venda se evapora rapidamente na inflação. Os jovens acabam sendo proletários. Nunca mais terão acesso a terra. No grande lixão de Porto Alegre, entre os catadores, ouvi gente falando dialetos *hunsrueck* e *vêneto*.

Nas colônias novas do Rio Grande do Sul, no vale do Uruguai, muito colono foi marginalizado por outros métodos: a extensão agrí-

---

* Desde alguns anos, isso mudou: além de nossos vinhos terem melhorado bastante, parece que muitas pequenas adegas também voltaram a ser permitidas e estão florescendo. (N.A.)

cola induziu o pequeno agricultor a plantar soja, em detrimento dos demais cultivos que fazia, e a comprar trator, quanto mais potente melhor, e combinadas, em vez da tradicional e eficiente trilhadeira estacionária fabricada em nível local. O crédito bancário aparentemente era fácil. Três a quatro anos depois, o colono entregava sua terra ao banco. Muitos deles estão hoje sofrendo em beira de estrada, ou sofrendo e devastando na Amazônia. O subsídio não foi para eles, foi para as montadoras de tratores e combinadas.

Poderíamos encher livros com relatos de como, no mundo inteiro, são marginalizados os camponeses. Vou citar apenas mais um. Na região de Fortaleza, Ceará, nas montanhas, havia uma cultura de pequenos plantadores de café. Plantavam o café de maneira tradicional, sombreado dentro da floresta, com introdução de árvores leguminosas, como ainda se faz hoje na Venezuela, Colômbia, Costa Rica. Obtém-se assim uma colheita em quantidade algo menor, porém de melhor qualidade, e o sistema é indefinidamente sustentável. O Instituto Brasileiro do Café, felizmente hoje extinto, induziu-os a derrubarem suas florestas e a plantar café ao sol. Hoje, naquela região, não tem mais cultura de café. A erosão acabou com tudo.

Apesar de todos os estragos, sobra na metade sul de nosso país imenso potencial ecológico e social na agricultura. Só no Rio Grande do Sul temos ainda mais de 1,5 milhão de agricultores pequenos e médios. Grande parte dessa gente procura hoje caminhos alternativos. É fantástico ver a vontade de experimentação de muitos deles. Uma ideia do quanto está acontecendo nos dão as revistas e anuários para agricultores, como *Guia Rural*, *Globo Rural*, *Manchete Rural* e mais algumas. Nunca vi nada semelhante em outros países. Seria maravilhoso se fossem traduzidas nos países de condições agrícolas semelhantes, na Ásia, África, Austrália e entre nossos vizinhos latino-americanos. Se nossa pesquisa e extensão agrícola embarcarem nessa linha, poderemos rapidamente chegar a uma agricultura altamente produtiva, limpa e social.

Não é recebendo novas tecnologias, "tecnologias limpas" do primeiro mundo, que vamos resolver nossos problemas. Tenho a impressão que já temos mais a oferecer do que a pedir.

A maior parte do que lá nos é oferecido é tecnologia inadequada para nossas condições e, muitas vezes, para as deles também.

As "soluções" do primeiro mundo são, quase sempre, soluções megatecnológicas, como a antes mencionada, de gastar duzentos dólares por tonelada de lixo, sem nada reciclar e sem criar empregos, vantagem só para o grande capital. Nesse campo já temos o que oferecer a eles. Eles estão nos oferecendo verdadeiros horrores, como são as usinas de incineração de lixo. Infelizmente, muita prefeitura (Rio de Janeiro, por exemplo) está aceitando e desperdiçando enormes somas de dinheiro nesse tipo de pseudossolução. Temos no Brasil dúzias de usinas de lixo que custaram grandes somas e que não funcionam. Também ainda nos oferecem usinas nucleares como "solução limpa" para o problema do gás carbônico, e prometem que a fusão será limpa, barata e ilimitada – uma das maiores mentiras tecnológicas que ainda se ouve.

Outro campo em que com facilidade poderíamos evitar estragos é a terraplenagem, em que estamos usando técnica demais, com grandes gastos financeiros, esbanjamento de recursos e de petróleo. Em poucas partes do mundo se vê tanto ambiente e paisagem destruídos pela terraplenagem como entre nós. Quem observa nossas cidades do alto frequentemente avista imensas feridas vermelhas, como as colinas descascadas junto ao novo aeroporto de São Paulo, ou junto à estrada Rio-Friburgo, ou os arredores de Brasília. Movimentamos milhões de metros cúbicos de solo e subsolo, rochas, areia, quando em sua quase totalidade essa movimentação poderia ter sido evitada. Se o terreno é baixo, aterramos, se é alto, rebaixamos. Nem se cogita mais adequar as obras à paisagem, é a paisagem que tem de adequar--se às obras. Brasília, aliás, é um exemplo paradigmático desse estado de espírito.

Naturalmente, os imensos custos da movimentação de terra interessam aos empreiteiros e, como sempre, aos que cobram comissão. Entretanto, mesmo quando a obra é de empresários, que procuram sempre gastar menos para que sobre mais lucro, a ideologia da terraplenagem está tão arraigada que o resultado final é o mesmo. Em uma paisagem muito bela, de restinga, na costa do Espírito Santo, paleodunas, dunas fixas, antigas, já conquistadas pela vegetação e com uma flora e fauna muito peculiares – ali ocorre a *brasilopuntia*, um de nossos mais interessantes cactos, arbóreo e com forma de árvore de natal, e várias espécies de caracóis muito especiais, endêmicos –, pois, nesse local, resolveram fazer um loteamento para casas de praia. A primeira coisa que se fez foi acabar com a beleza da paisagem. As dunas, paralelas à praia, estavam entremeadas de pequenos lagos, também longitudinais. Arrasaram tudo, rebaixaram as dunas, aterraram os lagos. Do maravilhoso ecossistema não sobrou nada. Ficou uma planície de deserto de areia, no qual foi imposta a costumeira rede de ruas em esquema xadrez. Todo o trabalho que a natureza fez durante séculos para afixar as dunas foi perdido, e o fascínio dos lagos também. Com a areia exposta, o vento iniciou seu trabalho de fazer novas dunas, pouco se importando com as ruas e os terrenos demarcados. O proprietário teve que iniciar custoso trabalho de fixação de dunas. Se alguém tiver o mau gosto de ali comprar terreno, se quiser plantar árvores, flores ou verdura, terá que comprar terra vegetal. E alguém irá derrubar pedaço de bosque noutro lugar para obter a terra preta. Entretanto, se o proprietário tivesse deixado a vegetação, tivesse feito as ruas meandrantes, acompanhando e respeitando os lagos, o resultado teria sido belo, sustentável, com muito menos custo, e ele venderia mais terrenos, com mais lucro.* Nesse caso não houve corrupção, só dogma e burrice.

Se analisarmos a terraplenagem em nosso país, quase toda ela é ou totalmente desnecessária ou desnecessariamente agressiva. Todos os nossos esquemas de casas populares são construídos em desertos lunares, produzidos pela terraplenagem. Na construção de estradas, barragens, fábricas, portos, hotéis de turismo nas mais belas praias, sempre começamos com agressões violentas e cegas.

Não nos faz falta importar tecnologia limpa, **ambientalmente compatível**, **pedir ajuda financeira ao primeiro mundo. Bastam enfoques diferentes**. Ou será que precisamos aprender com europeus, americanos ou japoneses, pagar-lhes *royalties*, para que nos ensinem atitudes tão simples como: ao fazer terraplenagem, ainda que mínima, retirar primeiro a capa de solo vegetal, guardá-la e repor

---

* Décadas depois, histórias semelhantes continuam a se repetir na costa brasileira. Exemplo espetacular ocorreu em balneário do município catarinense de Celso Ramos. Terraplenagem total, com erradicação de toda vegetação local, depois ruas rasgadas em xadrez, despencando em declive a partir dos morros, direto para o mar, abrindo verdadeiras valas para as águas das chuvas, que trarão toda a terra que puderem das encostas. Mesmo sem considerar o aspecto ecológico, o dano estético foi devastador. (N.E.)

depois, após terminada a modelagem do terreno? Esse tipo de atitude não tem patente, não é registrável. Pessoalmente, dei essa simples ideia – não cobrei nada... – a uma grande mina de carvão a céu aberto. Hoje, nessa mina, as áreas exploradas são recuperadas, podem ser reflorestadas ou voltar a ser pasto ou lavoura. Interessante é notar que a empresa é privada. Não longe dali, mina semelhante, que é do Estado, continua produzindo danos tremendos, em um incrível caos.

Os problemas ambientais e sociais da moderna cultura industrial não são problemas meramente técnicos, suscetíveis de solução com simples remendos técnicos.

Se todas as fábricas fossem limpas, a agricultura não mais usasse venenos, o transporte fosse mais eficiente e não poluidor, as cidades tivessem seus problemas sanitários resolvidos, tivéssemos energia ilimitada e limpa e tivéssemos suficiente medicina para curar todas as nossas doenças, mas continuássemos a perseguir os atuais alvos consumistas, com crescimento material e demográfico, a insustentabilidade seria a mesma. A única diferença seria que estaríamos atrasando um pouco o colapso final.

Somente mudanças fundamentais em nossas atitudes, somente uma revolução ética, baseada em cosmovisão diferente da que hoje predomina, poderão devolver-nos futuro.

Texto concluído em 6 de março de 1992.

Capítulo IV

Convívio sustentável

Quando Collor me demitiu, em março de 1992, o ministro que me sucedeu interinamente me perguntou: "Mas, Lutz, por que tu és contra o desenvolvimento sustentável?" Retruquei: "Mas como, de onde veio essa ideia?" Ele respondeu: "Todos acham que tu és contra!"
 É claro que houve muita intriga naquele momento*, mas entre os não ecologistas de fato parece predominar a impressão de que os ecólogos** querem preservar intacta, intocável, toda a Natureza. O governador Mestrinho, do Amazonas, em entrevista de uma demagogia primária, chegou a dizer: "O Lutzenberger é a favor da Aids. Ele quer preservar todos os seres vivos, não quer exterminar o vírus do Aids".
 Mas entre os próprios ambientalistas militantes, quando eles não têm conhecimentos rudimentares de biologia e de ecologia, o que infelizmente é muito comum, são frequentes essas extrapolações reducionistas. Isso os torna muito vulneráveis no confronto com cientistas e técnicos. Alguns já me acusaram de vendido quando, em meus trabalhos profissionais, ajudo indústrias a controlar seus efluentes e a reciclar os resíduos sólidos. Também já fui atacado por

---

* Lutzenberger ressentiu-se muito de tudo o que viveu quando de sua passagem pela Secretaria Especial do Meio Ambiente, no governo Collor, mas não chegou a perceber a extensão das intrigas suscitadas por sua presença em Brasília. Conforme se relata na biografia do ecologista (*Sinfonia Inacabada*. Vidicom Edições/2004), o ex-presidente Collor inclusive nega que tenha demitido Lutzenberger – e, de fato, quem comunicou a demissão a Lutzenberger foi o então secretário-geral da Presidência da República, Marcos Coimbra. (N.E.)
** Distinguimos aqui entre ecologista e ecólogo. Ecologista é o ativista ambiental ou ambientalista, ecólogo é quem vê a Ecologia em termos científicos. (N.A.)

aceitar como ecologicamente compatíveis certos grandes esquemas de florestamento comercial em monoculturas – e, para não haver novos equívocos, esclareço que são aceitáveis quando estiverem entremeados por ecossistemas naturais intactos ou em recuperação, em especial ao longo dos cursos d'água, e se ocuparem apenas uns 30% da área total. Quem se posiciona contra todo cultivo florestal de espécies exóticas (como eucalipto, pínus, acácia), pela lógica teria que ser contra toda agricultura, e deixar de praticar agricultura seria o suicídio coletivo da humanidade. Há ainda os que acham que só o social interessa, o que também é caminho para o fim de nossa espécie.

Lavouras de milho, trigo, batata; hortas de alface, couve-flor, repolho; pomares de cítricas, macieiras, pêssegos ou abacates; vinhedos, lúpulo ou kiwi, não somente são exóticas como costumam ser feitas em monoculturas. A coisa vai além, os cultivares são seleções artificiais que não existem na natureza e que não têm condições de sobreviver sem a ajuda humana. Trata-se de novas formas de simbiose, de simbioses artificiais. O trigo, centeio, triticale, soja e tantos outros vegetais que cultivamos são indispensáveis à nossa sobrevivência, mas também não sobrevivem sem nós, não conseguem reproduzir-se sem nossa ajuda. Se não forem colhidas, as sementes apodrecem na espiga ou vagem, ou germinam fora de época. As nossas lavouras, hortas, pomares e jardins, por mais "orgânicos" ou "ecológicos" que sejam, quando abandonados a si, voltam a dar lugar aos ecossistemas locais. O que sobrou das lavouras dos Maias, quando suas ruínas foram descobertas em plena selva recuperada? A situação de nossos animais domésticos não é muito diferente, quanto mais especializados estão, menos condições têm de sobreviver por conta própria.

Não se trata, portanto, de achar que o que nós humanos fazemos, só por ser "artificial", é sempre prejudicial ao mundo natural.

Nenhum ecólogo que eu conheça jamais disse coisa semelhante.

Também nunca encontrei quem advogasse o abandono de toda tecnologia, a tal "volta à Idade Média" com que os opositores da consideração ecológica tanto gostam de argumentar. Nada disso. Precisamos, isto sim, partir para formas diferentes de motivação e comportamento, que nos levem a uma situação de compatibilidade de Civilização com Criação.

Em capítulos anteriores, insistimos em referir-nos aos aspectos sistêmicos da Natureza. A Natureza é um processo sinfônico, é como uma orquestra que tem número fantástico de instrumentos e partituras. Nosso atual problema – e o da orquestra – é que nós, humanos, que estamos entre os últimos chegados (o que são dois milhões de anos em quatro bilhões? É como quatro horas e meia em um ano) –, deixamos de marcar o compasso. Em vez de representarmos um instrumento novo, enriquecedor, estamos nos comportando como um músico que enlouqueceu, que se levantou de seu assento, passou a tocar seu instrumento caoticamente, a toda força, sem olhar partitura, dançando no palco, derrubando colegas, instrumentos, móveis, assassinando outros músicos. Para o louco, orquestra e palco são apenas fundo. Para cada um dos músicos, representam algo de profunda significação, um espaço onde estão dinamicamente inseridos, um conjunto cujas leis não podem transgredir. Mas a obediência a essas leis não é coisa chata, trabalho duro, mal necessário, bem ao contrário, a execução propicia a eles imenso prazer, quanto mais perfeita a execução, maior o seu prazer. Tenho insistido e continuo insistindo nesse tipo de imagem, claro que supersimplificada, porque ilustra a inversão de perspectiva, de troca de paradigma, sem o que não chegaremos a um desenvolvimento sustentável.

O que ainda predomina entre muitos poderosos e mesmo alguns ambientalistas é o velho pensamento reducionista linear, que agora leva a uma retórica de "desenvolvimento sustentável" – definido apenas como um desenvolvimento que respeita o ambiente, que usa tecnologias limpas, que vai controlar a "poluição da miséria" com mais desenvolvimento, que vai resolver, igualmente, o problema da explosão demográfica com mais desenvolvimento. Em geral, a expressão "desenvolvimento sustentável", pelos poderosos beneficiários da tecnocracia e da burocracia, ainda é usada como outro *slogan* qualquer. Na boca de alguns políticos mais parece mantra, uma espécie de oração que por si só já resolve o problema. Mas a palavra "desenvolvimento" em si não é redefinida. São ainda exceção os que se atrevem a dizer que o desenvolvimento, daqui para diante, terá que ser claramente mais qualitativo do que quantitativo.

É nesse aspecto que surgem as grandes dificuldades no entendimento das pessoas. O imediatismo, inserido em horizonte espacial estreito e sem o horizonte biológico evolutivo, dificulta a visão holística. Assim, as pessoas se negam a encarar a real gravidade da situação. Em artigo de capa, a revista *Veja* (n. 17, 22/03/1992), tipicamente, procura reduzir a questão ecológica à necessidade de mais desenvolvimento, à transferência de dinheiro e tecnologia dos países ricos para os pobres, e repete o chavão "poluição da pobreza", que já foi usado e abusado pela delegação brasileira na Conferência sobre o Meio Ambiente de Estocolmo, no longínquo 1972. O influente semanário até se permite zombar dos ecologistas, biólogos e ecólogos. Citemos um trecho dessa matéria:

> "É um problema ético complicado esperar que uma pessoa com fome deixe de matar o último animal de uma espécie, em nome da preservação do meio ambiente", diz Thomas Lovejoy, biólogo americano que já fez estudos na mata amazônica e hoje trabalha para a Smithsonian Institution, dos Estados Unidos. É curioso ouvir falar assim uma pessoa que leva a vida entre os animais e livros de biologia. Há obviamente preceitos novos em circulação. Não é que seja novo pensar na pobreza como fonte de poluição. O que se vê é um tipo de ativista verde que já não sonha com uma volta a um passado bucólico.

Curioso, isto sim, é verificar que *Veja* tenha acabado de descobrir o que sempre disseram os verdadeiros ecólogos. Conheço muito bem o pensamento de Lovejoy, somos amigos pessoais. Talvez, por cortesia, durante sua entrevista, falando com brasileiros, não quisesse tocar na causa da pobreza e da fome no Brasil. Pena que *Veja* não tenha comentado os filmes da série *A década da destruição*, que relatam a devastação na Amazônia de 1980 até 1990, filmes apresentados a mais de 200 milhões de pessoas no mundo inteiro, inclusive entre nós. Nesses filmes, dos quais participei como apresentador, o cineasta Adrian Cowell, quando mostra a devastação causada pela miséria, vai até as causas dessa miséria. Mas ele mostra também a devastação gerada pelos demasiadamente ricos – e como eles contribuem para sempre mais miséria. Quero aqui recomendar o livro *Amazon Watershed*, de George Monbiot (Editora Michael Josef, London/1992). Monbiot, jovem jornalista britânico, foi a fundo na investigação da devastação da Amazônia. Para entender o desastre dos garimpos de ouro e cassiterita, ele foi primeiro aos lugares de origem dos garimpeiros. Ele mostra como, por que e por quem são marginalizados em sua terra natal e como, depois de migrar, voltam a ser explorados por gente politicamente forte e inescrupulosa.

A insistência no *slogan* da "poluição da miséria" é modelo de pensamento reducionista, um pensamento que isola os fatos que pretende analisar. Quando aplicado a questões ambientais, só leva a tratamentos sintomáticos. Para os poderosos, esse tipo de tratamento resulta muito útil. A tecnocracia consegue negócios adicionais nos remendos e reparações com "tecnologias ambientais", e os políticos e burocratas conseguem mais votos com projetos ou órgãos supostamente filantrópicos. Tudo isso permite ainda mais movimentação de dinheiro e mais corrupção.

Ainda no governo, eu insistia que não adiantava pedir ao pequeno agricultor que parasse de derrubar floresta em Rondônia, ou mesmo multá-lo, como foi feito na "Operação Amazônia".* Seria como dar-lhe uma corda para que se enforcasse. Insisti, também, que não adiantaria limitarmo-nos a dinamitar pistas ilegais de garimpeiros em Roraima. Toda essa gente é vítima, por um lado daqueles que os marginalizaram, por outro, dos que hoje os exploram. É preciso eliminar as causas de sua marginalização.

Temos um país de dimensões continentais, 8,5 milhões de quilômetros quadrados, uma média de 5,6 hectares por pessoa. Um dos mais "ricos" dentre os países que admiramos por seu estado de desenvolvimento, a Alemanha, mesmo reunificada, não chega a ter meio hectare por habitante. Na Holanda é bem pior. Comparando com outros países de grande extensão territorial – a China, por exemplo, – quase não temos desertos e muito pouco clima árido, tampouco temos invernos severos. Na quase totalidade do território, temos período vegetativo de doze meses. Quanto aos recursos minerais, nem vamos falar.

Somos ricos, ricos somos nós. O que faz falta aqui é uma decente distribuição da riqueza.

Certa ocasião, passei um dia inteiro dentro de uma favela sobre palafitas do Rio de Janeiro. Sobre um lodo fétido, borbulhando gás

---

* O Ibama, com helicópteros, vistoriava propriedades na Amazônia, para multar quem derrubava floresta. Só que prefeririam descer nos colonos, não nas grandes fazendas. E depois não conseguiam cobrar as multas. (N.A.)

metano e sulfídrico, resultado de décadas de sedimentação de esgoto cru, casebres ligados entre si por passarelas, simples tábuas de porta a porta, com parapeitos de tábuas rachadas ou galhos tortos, para evitar que bebês e crianças sumissem no caldo hediondo. Mas fiquei extasiado neste local ao verificar que existia um espírito de coesão e colaboração, uma incrível criatividade e capacidade de resolver problemas a partir de ínfimos recursos e meios. Havia várias criações de porcos, dúzias de animais em cada chiqueiro, em plena palafita. Os criadores, sem meios de transporte, com dois baldes pendentes de varas sobre os ombros, iam buscar restos de comida em restaurantes. Os porcos estavam gordos e sadios. Entretanto, os criadores eram obrigados a pagar veterinário para obter atestado – sem necessidade objetiva, pois os animais eram consumidos ali mesmo. Havia distribuição de água e energia elétrica em redes próprias, mas tudo enjambrado. A conta, coletiva, era rateada. Muito difícil encontrar em bairro ou edifício de gente abastada o tipo de solidariedade que ali existia. Pagavam professoras para a escola própria, em galpões por eles construídos, que abrigavam quatro turmas simultâneas – lado a lado na mesma sala, mas voltadas para direção contrária. Caminhando até o limite externo da favela, do lado da água, vejo um homem de porte atlético, preto, barba longa, abissínica. Com pesada marreta, crava estacas – caibros roubados em obra. "De onde você vem?", pergunto-lhe. "De Alagoas", responde. "Por que saiu de lá?", desejo saber. E ele: "Lá não adianta ficar, a política, o exército, a justiça, tá tudo sempre do lado do tubarão". Ou seja, 150 milhões de habitantes, em 8,5 milhões de quilômetros quadrados, e um homem motivado e trabalhador precisa cravar estacas roubadas no lodo fétido dos esgotos não tratados de uma grande cidade para poder abrigar sua família em casebre de pouco mais de meia dúzia de metros quadrados!

Diante desse quadro, resulta repugnante o discurso terceiro-mundista ora em voga, tão bem caracterizado já na introdução do artigo do semanário *Veja*, acima mencionado: "Os países pobres aguardam sua chance de saltar de novo sobre a carteira dos ricos, só que agora com o bom argumento do progresso ecológico". Essa frase até não estará incorreta se substituirmos a expressão "países pobres" por "os poderosos dos países pobres". Esse tipo de erro semântico tem levado e continua levando a graves confusões, quase sempre deliberadas. Como vimos em capítulos anteriores, os países ricos têm recebido, a preços vis, os recursos naturais dos países pobres, e durante a última década o fluxo do capital se inverteu, a ponto de o sul já ter pagado mais do que recebeu, e ainda assim a dívida continua crescendo. Os povos pobres agora devem mais e estão mais pobres em recursos. O minério exportado não voltará nunca mais, os solos destruídos pela erosão e envenenados por agrotóxicos, quando recuperáveis, exigirão grandes esforços e elevados custos. Além de mais pobres, estão com sua Natureza mais devastada. Por isso, insisto:

Quem, nos países pobres, tomou as decisões que desencadearam esse processo de empobrecimento coletivo, em favor do enriquecimento de uns poucos?

Quem, a não ser os poderosos que, em proveito próprio, sempre se prestaram a ser agentes do neocolonialismo?

Poucos meses antes de ser demitido da Secretaria Especial do Meio Ambiente, neguei-me a assinar projeto de "reforma agrária" que previa milhares de quilômetros de estradas nas últimas selvas, para assentamentos agrícolas – outra edição do famigerado Plano Polonoroeste, fracassado, caro e assustadoramente devastador. Para resolver o problema da marginalização no campo, não precisamos invadir as últimas selvas, as quais não representam apenas as nossas últimas selvas, mas estão entre as últimas selvas da Terra, são os últimos pedaços de "pele" ainda intacta de Gaia. Uma reforma agrária também não significa simplesmente tirar de uns poucos grandes, em geral inimigos políticos dos mandatários do momento, para dar a um número reduzido de pequenos. As verdadeiras soluções vêm de outra direção. Precisamos, antes de mais nada, de uma reforma na política agrária.

Uma política desenvolvimentista que seja sustentável terá que começar na agricultura e na preservação das selvas remanescentes; terá que repensar a mineração e a exploração dos recursos naturais que a princípio são renováveis, como madeira, caça e pesca, mas que hoje são quase sempre explorados de maneira destrutiva, em esquema de rapina. Terá que repensar a indústria, em seus aspectos de evitar poluição e de uso racional, não esbanjador, de recursos, o que inclui os hábitos de consumo e a reciclagem, hoje apenas vestigial. A política energética terá que dar preferência às energias regenerativas, em esquema descentralizado. O transporte terá que dar preferência à ferrovia, hidrovia e cabotagem para fretes, e a transportes públicos nas cidades e entre as cidades. A ocupação do solo terá que ser revista, não somente na agricultura, pecuária e no reflorestamento, mas também no urbanismo. Nas cidades e nos subúrbios, teremos que achar maneiras de preservar os valores arquitetônicos e a fisionomia urbana, com o máximo de áreas verdes. E tudo isso pouco efeito terá, a longo prazo, se não for iniciada uma política demográfica eficaz. É claro que não pode ser compulsória, mas se não for efetiva, se não houver redução drástica na atual taxa de crescimento, próxima de 2% ao ano, como vamos arcar com uma população duplicada em 35 anos, e quadruplicada em setenta anos, ainda durante a vida das crianças que nascem hoje?

Rápida e sumariamente, sem entrar em detalhes técnicos, vistoriemos alguns desses aspectos.

AGRICULTURA

As florescentes culturas camponesas do sul do país, entre nós conhecidas como "colônia", se é verdade que foram parcialmente desmanteladas, desde a década de 40 do século XX, se incluirmos suas extensões em Santa Catarina e no Paraná e culturas semelhantes em São Paulo, Minas e outros estados, têm ainda tremendo potencial social e ecológico. Potencial parecido existe em alguns lugares do nordeste e em manchas espalhadas por todo o Brasil. Como já vimos, uma boa cultura camponesa faz boa distribuição de riqueza, enquanto que a cultura latifundiária cria e mantém pobreza. Temos ainda no país milhares de experiências individuais bem-sucedidas. Uma nova política agrícola, sem necessariamente descuidar as grandes lavouras empresariais, deverá proteger o que temos de agricultura camponesa e familiar, promovendo nela incremento de métodos ecológicos na produção e cooperativos na comercialização das colheitas.

Em nossa fundação, a Fundação Gaia, além de trabalhos de extensão agrícola em vários estados, estamos iniciando um trabalho de cadastramento dessas experiências, no Brasil e na América Latina. Nesse cadastro, que servirá de base para trabalhos nossos e de outros, estamos levantando endereços, literatura, experiências, técni-

cas e trabalhos de preservação de variedade genética em cultivares.*
Este último aspecto é de extrema importância, devido aos estragos induzidos pela Revolução Verde.**

No Brasil, um técnico que merece especial menção é Nasser Youcef Nasr, jovem agrônomo do Espírito Santo. A partir de um hortão desenvolvido no município de Cachoeiro do Itapemirim, Nasser começou a disseminar um trabalho maravilhoso em horticultura, agricultura e fruticultura. Seus plantios são limpos, trabalham com insumos locais e não usam agrotóxicos nem adubos químicos. A produtividade é a máxima biologicamente atingível. A qualidade é excelente e os custos são baixos. Todos os anos, centenas de agricultores da região e do resto do país vão assessorar-se com ele. Foi "descoberto" também por grandes produtores, os quais se encontravam em sérias dificuldades devido ao uso continuado dos métodos da agroquímica.

Nesse ponto quero chamar atenção para um aspecto que distingue a situação brasileira dentro de um contexto mundial. Apesar de todas as injustiças sociais do passado e do presente e das devastações que continuam ocorrendo, temos ainda condições extremamente propícias para desenvolver, daqui para diante, uma agricultura e pecuária sustentáveis, de grande diversificação e adaptação local e cultural. A imensa extensão territorial, com seus climas e microclimas regionais e locais, permite experiências as mais distintas e pioneiras. Quando comparada com as agriculturas europeias, a nossa agricultura oferece um sem-número de opções que outros já perderam ou nunca tiveram. A atual densidade demográfica ainda permite também o convívio pacífico entre grandes e pequenos, desde que haja vontade política e um mínimo de esforço por uma maior justiça social.

A agricultura, fundamental para a sobrevivência de nossa espécie, com a indústria e o transporte, é o fator de maior impacto no

---

* Tentei fazer cadastro semelhante na Secretaria do Meio Ambiente. A informação que agora recebo é de que o pouco que conseguimos foi desmantelado. Aliás, entre as coisas que aprendi no governo, a experiência que mais me exaspera, é que o serviço público, em nosso país mais que em outros, tem uma lógica pervertida, contrária à lógica de uma empresa bem administrada. (N.A.)

** Tanto o trabalho de extensão agrícola quanto o de cadastramento de experiências acabaram sendo abandonados pela Fundação Gaia, devido a empecilhos econômicos e à própria dificuldade de Lutzenberger, já com graves problemas de saúde, de continuar à testa desses empreendimentos. (N.E.)

equilíbrio químico e térmico da atmosfera e, portanto, nos processos vitais do Planeta. Esse impacto pode ser positivo ou negativo. Hoje predominam os impactos negativos. Mas a reorientação necessária é relativamente fácil, bem mais fácil do que a drástica reorientação que, muito em breve, terá que acontecer na indústria, no transporte e no estilo de vida. Em sua situação atual, o Brasil oferece condições propícias, ainda excepcionalmente propícias, para uma transformação orgânica, evolutiva, em direção a uma sobrevivência sustentável.

A agricultura convencional e a empresarial poderão mudar de forma gradativa, sem perder sua produtividade e economicidade. Ao contrário, poderão aumentá-la. Os vestígios de agricultura camponesa poderão, igualmente, converter-se pouco a pouco. A pesquisa e extensão agrícola terão de ser reorientadas, é claro, mas a maior e mais importante contribuição certamente virá das iniciativas particulares que já florescem em todo o país, desde que não sejam abafadas por burocracias toscas ou mal-intencionadas, a serviço de cartórios como o da indústria de agrotóxicos (e, muito em breve, da grande conspiração da biotecnologia).* Como em outros campos, a maior parte da reorientação vai custar menos, não mais dinheiro.

Quase todas as experiências bem-sucedidas de agricultura regenerativa, no mundo inteiro, são resultado de esforços particulares, muitas vezes idealistas, sem ajuda oficial e sem subsídios. Quando houve subsídios, sempre pequenos e para pequenos grupos, eles foram de fundações particulares ou de indivíduos idealistas. Nasser, no Espírito Santo, partiu para os métodos ecológicos por ter fracassado nos métodos agroquímicos, não pediu e não recebeu dinheiro de ninguém. Seu exemplo alastrou-se sem nenhuma ajuda oficial. E muitos outros exemplos semelhantes poderíamos citar.

Além de incrementar essas experiências bem-sucedidas que proliferam pelo país, deveríamos iniciar, imediatamente, trabalho sério e de impacto na Amazônia.

As áreas já desflorestadas totalizam algo como 400 mil quilômetros quadrados, o tamanho da Espanha, quase a França. O que não

---

* Não foi por nada que o presidente Bush, na Rio-92, negou-se a assinar a Convenção da Biodiversidade e disse mesmo, com toda sinceridade, que não assinava porque tinha que defender as empresas americanas de biotecnologia. Estas, não por acaso, são as mesmas empresas que controlam a agroquímica. (N.A.)

dariam esses dois países se pudessem dispor de tamanha extensão de território para iniciar um trabalho com nova orientação de desenvolvimento?

Em vez de apreciarmos essa chance singular para aproveitar racionalmente essa área, protegendo o resto, predominam entre nós os imediatistas que querem devastar sempre mais. A maior parte dessas terras está hoje abandonada. Basta observar a região pela janela do avião. Ainda bem que, onde o abandono é total, a floresta ressurge através de uma sucessão natural que, desde que nos arredores ainda haja fonte de sementes, acaba transformando-se em floresta secundária de grande valor biológico. Se o solo não foi de todo degradado, em poucas décadas surgirá algo que apenas o ecólogo versado consegue distinguir da floresta primordial, como na Floresta da Tijuca, no Rio de Janeiro. É claro que, quanto maior for a extensão da devastação total, mais difícil será essa recuperação, porque diminui a diversidade biológica, faltam as sementes.

O que não está abandonado está ocupado pelos agricultores migrantes, por empresas agrícolas e pelas fazendas de gado. São raras as grandes empresas agrícolas que deram certo. Quando não fracassaram de todo, estão em dificuldades. A grande maioria dos pequenos agricultores é migrante, não fica muitos anos no mesmo lugar. Só sabe produzir com o método da coivara: derrubar, queimar, plantar na cinza e entre os tocos carbonizados. Consegue apenas uma ou duas colheitas satisfatórias, avança sobre a floresta remanescente e derruba sempre mais. Quando não existe mais floresta em sua área, migra para outro lugar. É muito comum o grande fazendeiro se aproveitar dessa gente. Ele lhes "arrenda" a terra por três anos, cobrando de 30 a 50% da colheita. Passados os três anos, o "arrendatário" terá que semear pasto e seguir adiante para derrubar nova área na mesma "propriedade". O pequeno não tem a mínima condição de sequer verificar se o grande é realmente dono, se tem documento. O poder público está quase sempre do lado do grande, e o grande grileiro acaba obtendo documento legal. Em alguns casos, esse esquema feudal é tão brutal que o pequeno está proibido até de fazer cultivo de subsistência e de manter animais domésticos para seu próprio consumo. A intenção é mantê-lo sempre endividado. Nessas condições, obrigado a abandonar a terra a cada três anos, não pode sequer pensar em práticas conservacionistas e regeneradoras. Não adianta querer ensinar-lhe.

Insisto, mais uma vez: não somos um país pobre. O país é rico, muito rico, mas é rico também em gente que tem interesse em manter e sugar pobreza. Esses parasitas são mais cruéis que o senhor feudal medieval. Naquela época, apesar da dependência, o camponês, podendo ficar toda a vida na mesma terra, sem proibição de produzir sua própria comida, acabou desenvolvendo métodos sustentáveis, que culminaram nas magníficas agriculturas tradicionais europeias, com sua adubação orgânica, rotação de cultivos, consorciações, terraços, seleção de novas variedades de plantas e raças de animais. Uma grande vergonha nacional: aqui no Brasil alguns não permitem sequer que esses processos evolutivos se iniciem.

Quanto às grandes empresas agrícolas – plantios de seringueiras, café, cacau, cítricas –, a maioria fracassa já nos primeiros anos de instalação, porque aplica métodos que, se já são problemáticos nas zonas subtropicais, nos solos da Amazônia são totalmente destrutivos. Quanto aos "pecuaristas", sua produtividade, como vimos, é ridiculamente baixa e só é compensada pelo imenso e associal tamanho das fazendas. Em geral, a produtividade não passa de 50 kg/ha/ano, contra até 600 que conseguem produzir agricultores ecológicos na Europa central e do norte, em clima temperado. E essa produtividade tão escandalosamente baixa ainda por cima não é sustentável. Os pastos degradam rapidamente, dando lugar a uma vegetação arbustiva que a vaca não aceita. Os fazendeiros passam então a queimar o pasto todos os anos, o que empobrece ainda mais o solo. À medida que as gramíneas introduzidas dão lugar à vegetação arbustiva – o que é normal, pois ali não é lugar de pasto, mas de bosque –, passam a destruí-la com maquinaria pesada ou herbicida. O solo se degrada a tal ponto que o fazendeiro avança sobre a floresta remanescente para fazer novo pasto. Fazendeiro e agricultor pequeno e médio, juntos, constituem terrível fator de destruição progressiva e irreversível da floresta, sem que isso produza valor social ou econômico para a nação. Convém mencionar que a indústria dos agrotóxicos se aproveita dessa situação. A Amazônia é hoje um dos grandes mercados para herbicidas como o Tordon, à base de 2,4,5-T, um dos ingredientes do infame "agente laranja".

O QUE FAZER?

É fundamental uma reforma agrária verdadeira. Essa não pode consistir na simples redistribuição ou divisão de terras e, muito menos, na abertura das últimas selvas do planeta para os fluxos migratórios dos marginalizados.

A nova reforma agrária precisa acabar com a causa da marginalização.

Os esquemas feudais de que viemos falando, na agricultura e na indústria (sim, na indústria também), precisam ser política e judicialmente inibidos e estancados. Com os nossos parlamentos infestados de políticos venais, representantes dos privilégios e dos cartórios, sabemos da dificuldade de conseguirmos a institucionalização das necessárias reformas, mas apelamos a todos os cidadãos honestos: conscientizem-se dessa problemática e lutem! Nós temos um grande país a construir.

Já vimos em capítulos anteriores que, se conseguirmos disseminar entre os pequenos agricultores o conhecimento sobre o manejo orgânico de seus solos, rotação de cultivos, plantios consorciados e adubação verde, especialmente com leguminosas, e cultivos arbóreos, eles poderão tornar-se sedentários e formar comunidades humanamente interessantes, sem a necessidade de derrubar sempre mais floresta. Se não o fizermos, como será no fim, quando não mais houver floresta para derrubar e o clima estiver totalmente desregulado? Já temos experiências interessantes, inclusive na Fundação Gaia, de trabalhos bem-sucedidos, que esperamos ampliar. Envolvem-se as comunidades de pequenos agricultores com os métodos da agricultura regenerativa, ao mesmo tempo que se os estimula a aproveitar e comercializar, de maneira sustentável, certos produtos da floresta. Agora, esses agricultores têm interesse em preservar a floresta remanescente. Esses exemplos precisam ser multiplicados, centenas ou milhares de vezes. Ideal seria que o próprio Ministério de Agricultura, com seus órgãos de pesquisa e fomento, assumisse essa tarefa. Aos próprios fazendeiros poderão ser oferecidas alternativas sustentáveis, que sejam ecologicamente interessantes e economicamente bem mais rentáveis do que os tristes pastos roubados à floresta, a cada ano mais degradados, com gado sempre mais magro. Uma vez que a grande maioria deles são donos ausentes, talvez pudessem

dedicar-se, ao contrário do que fazem hoje, a reconstituir floresta em vez de consumi-la no fogo. Vejamos mais adiante algumas possibilidades promissoras. Não é demais repetir:
Nosso país é tão vasto, tão diversificado, que há amplo espaço para convivência de grandes e pequenos.

Ainda falando em agricultura, fator fundamental para a saúde do solo é o húmus, palavra quase desconhecida do homem moderno e, infelizmente, de grande parte dos agricultores. Um solo é tanto mais rico em húmus quanto mais matéria orgânica lhe é incorporada. O maior erro que comete a grande maioria de nossos agricultores, florestais, jardineiros e mesmo horteiros, é queimar toda matéria orgânica, palha, galharia, folha seca, é desperdiçar o esterco.

Pessoalmente, como agrônomo, escola antiga, em minha atividade profissional tenho me dedicado sempre mais intensivamente ao saneamento e à reciclagem. Isso porque constato, em nosso país como em quase toda a parte, um desperdício que a longo prazo é suicida. Temos, por um lado, centenas de milhões de hectares de solos condenados a uma degradação cada vez mais irreversível, e de outro, centenas de milhões de toneladas de resíduos orgânicos na indústria e nas cidades. Enquanto que nos solos falta matéria orgânica, sendo os nutrientes arrastados aos mares pela erosão, ou levados pelas colheitas, os resíduos orgânicos urbanos e industriais são considerados como material de valor negativo, tão negativo que se gastam grandes somas para fazê-los desaparecer. Na Alemanha, chegam a gastar duzentos dólares ou mais por tonelada de lixo urbano, para enterrá-lo em aterros ditos "sanitários". Para certos lixos industriais, os custos podem chegar a milhares de dólares por tonelada. Por outro lado, quando administradores públicos relapsos e legisladores ignorantes ou cegos não reagem, os resíduos são simplesmente despejados ou jogados em precipícios, ravinas, arroios, rios e lagos, ou em lixões indisciplinados. É verdade que a indústria moderna, especialmente a indústria química, produz "lixos" mais ou menos perigosos, outros até mesmo intratáveis, que necessitam de atenção e cuidados muito especiais, mas um grande número de indústrias produz resíduos sólidos ou líquidos que, em seu ponto de origem, são matéria orgânica limpa, preciosa. Assim mesmo, pela visão tubular e imediatista da maioria dos técnicos e de seus chefes, a quase totalidade desses úteis

materiais é desperdiçada, misturada com lixo doméstico ou entulhos, depois lançada em lixões ou corpos d'água, com perda e poluição total.
Vejamos alguns exemplos na indústria.

Indústria

A indústria de alimentos – com seus frigoríficos, campos de concentração de frangos e indústria de ovos, com suas fábricas de conservas de peixe, de carne, de frutas, de verduras, cantinas, cervejarias e maltarias, destiladoras, fábricas de óleos vegetais, sabão e margarinas, laticínios, restaurantes e hotéis – descarta restos de verduras, frutas, cascas, sobras de comida, efluentes de descasque químicos, outros efluentes ricos em matéria orgânica limpa, restos de peixe, escamas, carapaças de camarão ou caranguejo e outros crustáceos, conchas, sangue, pelos, restos de carne e graxas, conteúdo estomacal e estercos. Parte desses materiais pode ser aproveitada, diretamente ou com pouco preparo, na alimentação de animais; o resto facilmente pode ser aproveitado para preparo de precioso adubo orgânico, tanto pela compostagem como por fermentação anaeróbia, aeração, ou mesmo, em alguns casos, aplicação direta no solo.

Nas serrarias – sem entrar em seu mérito, pois a grande maioria é ilegal –, constatamos que quase sempre desperdiçam a serragem. Quem navegar ao longo da ribanceira do Amazonas, ao lado de Manaus, pode ver as avalanches de serragem sendo despejadas no rio. Isso em uma região onde os solos estão entre os mais pobres do mundo e onde nada é mais importante para a manutenção da saúde do solo do que a matéria orgânica. Em Santa Catarina é comum verem-se, ao lado das serrarias, fornos especiais para queimar a serragem. Nem a cinza é aproveitada. Pergunto-me: o que está acontecendo nas cabeças de nossos jovens agrônomos, que os faz tão cegos? Pior, que tipo de professores tiveram nas escolas? Todo caboclo sabe, intuitivamente, que cinza é excelente adubo mineral, mas os agrônomos, os técnicos rurais e os engenheiros florestais se esqueceram. No Brasil inteiro, são centenas de milhares de toneladas de cinza de lenha desperdiçadas anualmente. Isso corresponde a milhões de dólares que poderíamos estar economizando na compra de adubos químicos, e seu aproveitamento significaria mais saúde biológica nos solos. Desperdiçar cinza de lenha na Amazônia já é o cúmulo da insensatez, mas ainda por cima as serrarias reduzem a cinzas não só a serragem, como os retalhos de madeira, entre eles peças belíssimas, com as quais muita coisa poderia ser feita, em termos de objetos menores. No nordeste brasileiro, na África, em todo mundo, são dezenas de milhares os artistas que sabem fazer artesanato da melhor qualidade com qualquer resto de madeira. Já as cinzas desperdiçadas às vezes estão a um passo de lavouras de café, cítricos, cacau ou pimenta, lavouras carentes de nutrientes minerais e de microelementos, carências essas que as tornam vulneráveis ao ataque de todo tipo de praga. Gastam-se, por consequência, somas importantes na compra de agrotóxicos, em sua maioria importados, agravando nossa dívida externa.

Quanto trabalho fascinante, social e ecologicamente produtivo a fazer!

Executando exatamente este tipo de trabalho, reciclando resíduos orgânicos, principalmente na agricultura, e resíduos minerais da indústria, em minhas duas pequenas empresas, *Tecnologia Convivial* e *Vida Produtos Biológicos**, conto com um *staff* de cerca de vinte pessoas, jovens de idade ou de espírito... Uma das maiores e mais intensas alegrias de minha vida é ver o entusiasmo, a imaginação, o espírito inventivo e empreendedor com que eles e elas encaram e resolvem os problemas. Tenho certeza de que milhões de jovens brasileiros – e no mundo inteiro – gostariam de fazer algo semelhante. Mas ninguém os orienta, não se lhes dá a chance. Os governantes e a maioria dos políticos nada enxergam. Suas intenções são outras. Soluções descentralizadas, baratas, que não exigem liberação de polpudas verbas, de grandes empréstimos, como algo assim pode interessar aos grandes e pequenos traficantes de influências que infestam a vida nacional? A grande tecnocracia prefere oferecer soluções centralistas, duras, extremamente caras, como incineradores, grandes usinas de lixo, imensos aterros. Essas soluções são excelentes e muito econômicas para os fabricantes de equipamentos, não para a população e para os cofres públicos. Uma das razões porque tantas vezes

---

* Em 1998, as duas empresas fundiram-se em uma só, sob a denominação de *Vida Produtos e Serviços*, com sede no município de Guaíba, no Rio Grande do Sul. (N.E.)

grandes problemas deixam de ser resolvidos e ficam à deriva é que as soluções oferecidas se mostram demasiado caras para o pequeno e médio industrial e para a maioria das prefeituras, sempre sem dinheiro, em um país em que o grosso do dinheiro do contribuinte vai para a malversação das máfias e dos parasitas de Brasília.

Os "dirigentes do terceiro mundo", quando insistem em que o "primeiro mundo" tem obrigação de dar-lhes acesso a "tecnologias limpas" (insistência às vezes cínica, às vezes motivada por analfabetismo científico e tecnológico), acabam pedindo exatamente o tipo de tecnologia socialmente perniciosa e ecologicamente destrutiva que algumas grandes corporações transnacionais querem oferecer-lhes, o tipo de tecnologia que os bancos multilaterais de desenvolvimento precisam financiar para sobreviver.

No que se refere a efluente industrial, posso citar experiência muito relevante que adquiri ao trabalhar com a fábrica de celulose Riocell, no Rio Grande do Sul. Dos resíduos sólidos de uma planta de tratamento de efluentes, assim como de cascas e de pó de madeira, obtivemos excelente adubo orgânico e até um produto fitossanitário, de ação biológica não tóxica. Reciclamos igualmente resíduos calcários, também para uso na agricultura. E reciclamos das fornalhas, para uso em fábricas de cimento, cinzas de carvão mineral. É triste ver o que ainda faz a maioria das fábricas de celulose em nosso país e, surpreendam-se, no chamado primeiro mundo. Na Escandinávia, no Canadá e em outros países considerados desenvolvidos, existem ainda hoje fábricas de celulose tão poluentes, tão sujas, quanto era a Borregaard norueguesa quando foi instalada no Brasil, em 1974 (após intenso movimento da sociedade civil organizada do Rio Grande do Sul, a papeleira norueguesa foi nacionalizada, sob o nome de Riocell, e viu-se forçada a mudar seus métodos de produção, que progressivamente foram se tornando bem menos lesivos ao ambiente).* Uma

---

* A Riocell passou por processo de mudança de mãos, até ser adquirida pelo grupo Aracruz Celulose, do Espírito Santo. A unidade gaúcha manteve o trabalho de tratamento de efluentes sólidos, nos moldes daquele de que Lutzenberger participou. Mas tanto a Aracruz quanto outras papeleiras estão sendo duramente questionadas, por ambientalistas e alguns administradores públicos do Mercosul, em relação às suas atuais políticas de controle de efluentes e de obtenção de matéria-prima, com o plantio em larga escala de espécies de árvores exóticas em biomas ainda preservados, detentores de rica biodiversidade, como o Pampa. (N.E.)

das coisas mais chocantes que se pode ver no panorama internacional é o que acontece no lago Baical, na falecida União Soviética. Dentre todos os grandes lagos de água doce existentes no planeta, Baical era o mais cristalino, tão cristalino que a visibilidade dentro d'água era de quase 50 metros, o limite do fisicamente possível. Pois essa maravilha da Terra está recebendo efluentes crus, não tratados, de grandes fábricas de polpa. Nessa área, quem tem tecnologia limpa somos nós, no sul do Brasil. Se nos pedirem, estamos ansiosos para ajudar.

Além dos resíduos orgânicos, que podem ser usados como fonte de húmus ou de alimento animal (e nesse caso o húmus pode ser obtido na fase seguinte, a partir do esterco dos animais), temos muitos resíduos não orgânicos aproveitáveis. Já falamos das cinzas, que são o melhor adubo mineral para o solo. Argilas especiais usadas em certos processos de purificação na indústria, como, por exemplo, a bentonita (montmorilonita) e também o *kieselgur* (terra diatomácea), são hoje desperdiçadas em lixões. Acrescentadas ao composto orgânico, melhoram significativamente a qualidade do húmus. O já citado agrônomo Nasser, em Cachoeiro do Itapemirim, fez uma descoberta importante. Nos arredores de sua horta existem grandes explorações de mármore. Quando os blocos retirados das pedreiras são serrados, para fazer as placas usadas em obras arquitetônicas, a água da refrigeração das bandas de serra arrasta pó de mármore, o que dá um efluente com aspecto de leite que, ao ser lançado aos cursos d'água, causa problemas para a fauna e flora aquáticas. Mas Nasser faz aplicações foliares com esse líquido em suas plantas, com excelente efeito fitossanitário, e o usa também como corretivo do solo, em aplicação direta. Outras indústrias ainda produzem, como resíduo, grandes quantidades de gesso (sulfato de cálcio). Para determinados solos, esse é um bom corretivo.

Quiséssemos continuar e completar a lista de possíveis aproveitamentos de dejetos industriais, teríamos de escrever outro livro, e bem extenso. O fundamental é entender que não existe "lixo". O que costumamos chamar de lixo é material bom, muitas vezes precioso, deixado no lugar errado. Um copo de vinho fino em cima de minha mesa é algo precioso; despejado sobre o tapete, é sujeira.

A engenharia sanitária moderna e as preocupações sanitárias nas residências, prefeituras e indústrias, na maior parte de

seus trabalhos, apoiam-se ainda em um paradigma que não se coaduna com as leis dos processos vivos. Seus postulados básicos poderiam ser assim enunciados:

certos materiais são considerados descarte, resíduo, sujeira, lixo, porcaria – quer dizer, matéria inútil ou mesmo perniciosa;

o problema reside em como desfazer-se dessa matéria da maneira mais fácil e barata;

uma vez que esses materiais são considerados indesejáveis, não tendo, portanto, nenhum valor, ao contrário, tendo valor negativo, porque custa dinheiro e esforço desfazer-se deles, eles não recebem nenhuma atenção especial, específica;

já que a única propriedade que esses materiais têm é essa, a de serem indesejáveis, e como entre indesejável e indesejável não existe diferença, também não se faz distinção entre os diferentes tipos de dejetos: vai tudo junto "para fora". Assim, em uma oficina mecânica ninguém vê nada de mais em largar migalhas de torno, serragem de madeira, restos de comida ou papéis, tudo no mesmo tonel de lixo, podendo-se ainda verter óleo queimado por cima. Em um escritório, os burocratas não refletem um instante antes de atirar papel limpo, restos de merenda, copinhos plásticos, borra de café ou chimarrão, tudo na mesma cesta;

hoje predomina uma veneração pela tecnologia, que é tanto ou mais venerada quanto mais sofisticada, envolvente e gigantesca for. Daí que se procuram soluções centrais. O tratamento começa no vertedouro do esgoto geral da indústria, onde está tudo misturado. Na maioria dos casos ainda se permite que certas indústrias larguem seus efluentes na rede de esgotos urbanos. Na própria Alemanha é praxe fazer imensos sistemas de redes que juntam, muitas vezes sem separar cloacal de pluvial, os esgotos de dúzias de aldeias com o de pequenas cidades, abarcando toda uma região, para atendê-la com uma só grande estação de tratamento. Aliás, em São Paulo, uns dez anos atrás, o Projeto Sanegran previa uma só gigantesca estação de tratamento de esgotos para toda a capital do Estado, que em alguns eixos já tem diâmetro de mais de cem quilômetros. Felizmente, faltou dinheiro. Hoje já pensam um pouco diferente e procuram soluções menos centrais.

O resultado desses enfoques é nossa situação atual, socialmente indesejável, ecologicamente perniciosa e esteticamente asquerosa. Uma vez que são muito caras as soluções propostas pela tecnocracia, as únicas com que normalmente os prefeitos e os industriais se defrontam, e que as pequenas prefeituras não têm meios ou acesso a empréstimos e/os industriais pequenos e médios se encontram em situação semelhante, o que acontece é nada. Ou seja, faz-se o que é mais simples, surgindo assim:
lixões indisciplinados, avalanches de lixo e entulho, resíduos industriais despejados em encostas e falésias, ou em terrenos, saibreiras e pedreiras abandonadas;
arroios e pequenos rios assoreados por lixo e arbustos do bosque ciliar, nas margens embandeirados com plástico multicolor, uma situação muito comum no interior de meu Estado.

Na agricultura, é muito comum deixar que o esterco dos estábulos caia direto no arroio ou açude, ou escorra pela encosta. Já nos bairros residenciais de nossas cidades, as casas que por milagre conservam jardins costumam atirar em terrenos baldios a palha da tosa do gramado, a galharia da poda de árvores, as folhas secas varridas do chão, de mistura com entulhos e lixos os mais diversos. O conceito de compostagem e manejo orgânico do solo é tão desconhecido para os moradores quanto a face oculta da Lua. É deprimente constatar como mesmo em bairros de luxo, teoricamente ocupados por pessoas de fino trato, se faz exatamente isto: jogar todo o "lixo" no terreno baldio contíguo. Estão anuciando, para quem quiser saber, que para eles o mundo acaba exatinho junto ao muro que protege sua casa.

As prefeituras, no manejo das áreas verdes das cidades, não age de modo mais civilizado. Todo material verde ou seco, cortado ou varrido nos jardins e nas praças ou ao longo dos caminhos, costuma ser remetido aos lixões.

Matadouros, pequenos ou grandes, quase sempre largam sangue, conteúdo estomacal ou de rúmen e demais rejeitos diretamente no arroio mais próximo. Quando a pressão da população enojada ou dos órgãos ambientais aumenta, fazem "lagoas de decantação". Essas pouco resolvem. Logo se forma na superfície uma crosta tão grossa e dura que se pode caminhar sobre ela. O efluente passa direto por baixo, continua poluindo, mas a autoridade de controle ambiental aceita, porque não conhece alternativas. Fábricas de conservas de frutas, verduras, carne e peixe procedem do mesmo modo, largam seus detritos inorgânicos em qualquer talude ou precipício, saibreira ou pedreira, em geral diretamente no fundo de seu terreno ou no terreno desocupado do vizinho. Os donos ou gerentes dessas fábricas, cidadãos em geral sérios e responsáveis, comportam-se quanto a isso como se fossem cegos.

Nos países mais "desenvolvidos" a situação é mais disciplinada, mas nada melhor, em termos ecológicos.

Fazem-se aterros bem isolados ou operam-se gigantescos incineradores. Na Europa central é comum ainda levar efluentes químicos e mesmo chorume da criação intensiva de reses e porcos em barcaças especiais para serem jogados em alto-mar. Recentemente, na Flórida, viajando de carro pelas planícies da região de Miami, vislumbrei no horizonte um morro de uns 150 metros de altura. Surpreso, fui vê-lo de perto. Era o lixão da região. Aos pés do morro, uma gigantesca instalação com enormes moinhos, para tudo triturar, até chegar a uma granulação de cerca de um centímetro. Matéria orgânica, plásticos, papéis, cartolina, metais, vidros, couros, móveis, eletrodomésticos inteiros, tudo misturado. Pesadas máquinas aplastavam e compactavam o que restava. Parece que a intenção era realmente destruir esses materiais de maneira tal que as gerações futuras, que inevitavelmente se verão confrontadas com séria carência das matérias-primas que hoje desperdiçamos, não mais as possam recuperar.

Hoje é comum na Alemanha, um dos países dos quais nossos administradores públicos esperam obter "tecnologias limpas", queimar os lodos das estações de tratamento dos esgotos urbanos, com grande custo em energia e dinheiro. Argumentam que esses lodos estão contaminados com metais pesados. Mas não obrigam as oficinas de galvanoplastia a reciclar seus banhos, contendo os metais pesados, o que seria muito fácil. Aliás, ainda não vi oficina de cromagem, como aqui são chamadas, que não recuperasse seus sais de ouro e prata. Então, por que não obrigá-las a recuperar níquel, zinco, cobre etc.?

Hoje até edifícios inteiros são "implodidos", com perda total das esquadrias, dos vidros, encanamentos, fios de cobre, móveis embutidos. Argumentar que não é econômico ou que não há mão de obra para uma demolição racional, com aproveitamento seletivo dos materiais, não faz sentido em um país como o nosso, com suas imensas favelas, carentes de material de construção e com milhões de pessoas procurando trabalho. Já observei um catador, com marreta pesada, trabalhar três dias para desmanchar uma enorme chapa de concreto armado, para poder vender os ferros. Essa gente, se lhes déssemos os materiais, fariam de graça a demolição.*

A continuação dessa lista seria tarefa interminável. Apenas desejo frisar que, enquanto perdurar o paradigma que tem como postulado básico a atual definição de lixo e a procura de soluções centralistas e megatecnológicas, continuaremos a emporcalhar a Terra, a degradar nossos solos agrícolas e a destruir de maneira irrecuperável as matérias-primas das gerações futuras.

Portanto, o paradigma precisa ser invertido. Em vez de procurar maneira fácil e simples de desfazermo-nos de "lixos", devemos perguntar-nos, em cada caso específico, o que é possível fazer com esse material.

Se adotarmos paradigmas como os da prefeitura de Curitiba, Paraná, que promove coleta seletiva do lixo doméstico com o *slogan* "o lixo que não é lixo", e aplicarmos esse enfoque também às indústrias, isso conduzirá automaticamente a trabalho descentralizado, até mesmo dentro da fábrica. Os resíduos, quando surgem nas diferentes máquinas, são puros e limpos, é a mistura despreocupada com outros resíduos que os torna inutilizáveis. Em um curtume, para citar apenas um exemplo de indústria, um encanamento interno que permita captar em separado os banhos dos diferentes fulões tornaria fácil a recuperação do cromo, das graxas, proteínas e demais matérias orgânicas – e desapareceria o fedor! Tenho colaborado com um curtume, o Curtume Ritter, no município gaúcho de Picada Café, que sustenta grande criação de porcos alimentando-os com resíduos; que vende graxas para outras indústrias; que usa o lodo da reciclagem do caleiro e o esterco dos porcos como adubo orgânico em pastagens, lavouras

---

* Previsível e ironicamente, a sociedade brasileira defronta-se agora com um novo tipo de delito: virou rotina o roubo de materiais como ferro, cobre, alumínio e bronze, em ruas, praças, redes elétricas e até em cemitérios e fachadas de edificações. (N.E.)

e pomares; que recicla, com lucro, o cromo; que se prepara para reaproveitar os retalhos, migalhas e serragens de couro.

É bem verdade que existem rejeitos inaproveitáveis, como o são os resíduos radioativos das usinas nucleares. Acontece que o lugar de elementos radioativos é nas estrelas e no centro da Terra. Lá eles são necessários. No Sol participam das reações nucleares que tornam possível a vida aqui na Terra, no centro de nosso planeta são fator importante de seu equilíbrio térmico. Mas esses materiais nada têm a fazer na biosfera, assim como o lugar do vinho não é no tapete. Conclusão: usinas nucleares são tecnologia inapropriada, inerentemente incompatível com a Criação. Considerando a longevidade de seus resíduos, dezenas, centenas, milhares e até milhões de anos, essas usinas são imorais (das bombas, nem falar).

Mais uma consideração sobre rejeitos especiais. De alguns anos para cá vem sendo levantado o espectro do lixo hospitalar, um novo fantasma que antes não preocupava ninguém. Ele surgiu concomitantemente com a oferta de incineradores caros e sofisticados por parte de algumas indústrias. Conseguiram, inclusive, portarias especiais que obrigavam a incineração. Um caso típico de legislação encomendada, como vimos em capítulo anterior. Mas já temos hospitais que fazem exemplar trabalho de separação na origem. Afinal, por volta de 90% do lixo de um hospital é material limpo: tubos e recipientes plásticos, vidros de remédios, papéis dos escritórios, sobras de comida. O resto está constituído de ataduras e esparadrapos, seringas usadas e, às vezes, peças anatômicas da sala de cirurgia. As seringas só oferecem perigo se forem misturadas com o resto dos rejeitos e forem manipuladas à mão. Poderia alguém ferir-se e ser infectado, por exemplo, com Aids. Mas nada impede a coleta separada, em caixas especiais. Poderão, então, ser esterilizadas, e o plástico, assim como o metal precioso da agulha, serem reciclados. Quanto às ataduras e restos da sala de cirurgia, para que incinerá-los? Afinal, os cadáveres das pessoas que morrem de doenças infecciosas são obrigatoriamente incinerados ou podem ser enterrados como todo o mundo? Bastariam, portanto, covas especiais. Se o lixo dos hospitais fosse realmente o que pretendem os que querem lucrar com a venda de incineradores, teríamos que tomar medidas drásticas que afetariam toda a população. Há muito mais gente doente fora do que dentro dos hospitais, e os esgotos cloacais dos hospitais vão para a mesma rede.

Se tanto insistimos nesta questão dos resíduos é porque isso tem a ver com a causa fundamental da insustentabilidade da moderna sociedade industrial.

Como vimos no capítulo sobre o descalabro ecológico do pensamento econômico predominante, esse postula, implicitamente, a existência de recursos inesgotáveis ou, pelo menos, sempre substituíveis. Mas o planeta Terra não é de volume e massa infinitos. A biomassa total do conjunto de seres vivos, plantas, animais, fungos, protozoários, bactérias e vírus também é limitada e depende das condições de clima e solo. Ela não pode crescer além de um ótimo já atingido. Mas pode, isto sim, decrescer e até entrar em colapso, se as condições ambientais se deteriorarem demais. Oceanos e continentes não podem crescer, mas os desertos podem, e estão crescendo, às custas do resto. Também a biomassa total de uma determinada espécie – a nossa, por exemplo, – pode crescer desmesuradamente, mas isso se fará às custas das demais. Entretanto, como a sobrevivência de cada espécie depende das demais, e a nossa não é exceção, esse tipo de processo não pode ir muito longe, como no caso do pulgão, que acaba matando a planta que o sustenta. Acaso poderemos imaginar um mundo em que sobre apenas gente e tecnologia? Só na ficção científica isso é possível.

Até os mais devotos adoradores da tecnologia, o pessoal da NASA, quando sonham em estabelecer colônias em outros planetas ou na Lua, sabem que isso só seria possível se levassem plantas, bactérias, fungos, insetos e um sem-número de outras criaturas vivas. Só gente não dá. É por isso que a NASA se interessou por uma planta muito interessante, que povoa nossos rios, lagos e banhados, a *eichhornia*, conhecida por baronesa. A baronesa tem a maior capacidade de fotossíntese que se conhece. Por isso pretendiam levá-la em naves espaciais, em viagens muito longas, que durassem anos e nas quais seria impossível levar mantimentos suficientes, o que obrigaria à reciclagem total, inclusive dos excrementos e da urina dos astronautas, com produção do alimento a bordo. Acabaram achando uso mais prosaico para essa maravilhosa planta, que alguns ainda consideram praga (praga é um conceito tão equivocado como é o conceito de "lixo", como veremos mais adiante).

Se alguns consideram praga esse lindo aguapé – ele tem flores tão belas e delicadas como as de certas orquídeas –, é porque ele consegue crescer com incrível rapidez, a ponto de entupir canais, ameaçar turbinas em barragens, interferir com a navegabilidade em pequenos rios. Mas por que isso? Em uma água pura ele não cresce. Se a água for pura demais, ele decresce até morrer. Para poder desenvolver sua potencialidade plena, precisa encontrar nutrientes abundantes na água em que flutua. Se hoje ela prolifera em muitos de nossos rios é porque esses recebem enormes cargas de esgotos não tratados. O problema é o mesmo em outros países latino-americanos, na América do Norte e na África. Em muitos casos, a baronesa é combatida com herbicidas. Em São Paulo, no lago Billings, costumavam cometer a mesma burrice. O herbicida só agravava a situação. Além de envenenar o lago, as plantas mortas vão para o fundo, e sua decomposição agrava a desoxigenação da água. Só quem tira proveito dessa loucura é a indústria química.

Nesse assunto, os camponeses asiáticos são mais inteligentes. Com sua sabedoria milenar, que insiste no aproveitamento de toda matéria orgânica, eles usam essa planta como forragem, algumas outras espécies usam até mesmo como alimento humano. Com a *eichhornia* fazem inclusive um bom papel, também papelão. Com todas essas plantas flutuantes pode-se obter energia e biofertilizante, nos digestores de biogás, ou simplesmente fazer um excelente composto para jardins, hortas e pomares. Mas para ter esse tipo de aproveitamento, o pré-requisito é, justamente, sabedoria.

Primeiro precisam mudar os paradigmas.
Primeiro precisamos conhecer o funcionamento da Natureza.

Se nos inspirarmos na Natureza, se imitarmos seus métodos inteligentes e elegantes, se nos aliarmos a ela – em vez de combatê-la sempre –, encontraremos o caminho para um convívio rico e saudável. Para um convívio sustentável.

As concepções que validamos e os modelos que nos impusemos, a partir da segunda metade do século passado, nossos atuais paradigmas sobre desenvolvimento, economia e tecnologia, colocaram-nos em um caminho suicida. A espécie humana trilha uma rota de exclusão.

Mas ainda está em tempo de mudar.

Texto concluído em julho de 1993.

Capítulo V

Um novo paradigma – considerações filosóficas

Quase sempre, quando alguma discussão gira em torno da Amazônia, sua devastação ou a necessidade de sua preservação, ouvem-se argumentos como: "mas não podemos transformar a Amazônia em museu". Quanto ao índio, é comum ouvir-se: "mas não podemos deixá-los em uma espécie de zoológico". Anos atrás, um funcionário graduado da Funai me dizia: "mas o índio é um infra-humano, temos que trazê-lo ao mundo moderno". Muitas vezes me vi confrontado com expressões como: "o índio atrapalha, tranca o progresso".

Esse tipo de argumento contém um postulado implícito, que poderia ser enunciado da seguinte maneira:

> *O mundo se desenvolve; aquela floresta é um lugar*
> *subdesenvolvido, muito atrasado; os índios são agrupamentos*
> *humanos que pararam no tempo, quedaram atolados no*
> *Paleolítico; não se justifica que tais coisas permaneçam assim;*
> *o progresso não pode parar.*

Nesse contexto, vamos fazer algumas perguntas fundamentais.

Antes do chamado "progresso", que, supõe-se, teve início com a invenção da agricultura, uns quinze mil anos atrás, o planeta Terra estava intacto em todos os seus biomas e ecossistemas. Desenrolava-se então uma fabulosa sinfonia evolutiva. Inicialmente em muito pequena escala, e de forma muito lenta, nossa espécie começou a demolir esses sistemas naturais de extrema sofisticação, para colocar em seu lugar esquemas muito, muito simples, como lavouras, habitações, caminhos e outras estruturas, mais tarde lavouras sempre maiores, aldeias e cidades também sempre maiores, até chegar, em alguns lugares, a situações como a da Holanda atual, que já tem uns 20% de seu território coberto por construções e pavimentos. O resto é totalmente artificial também: lavouras e plantios florestais, lagos escavados ou barrados, canais dragados, rios retificados, e assim por diante. E esse processo continua. Já não sobra naqueles territórios nem vestígio dos ecossistemas primordiais. É praticamente impossível, agora, imaginar-se como era o que hoje chamamos Holanda no ano 8.000 a.C., logo após o último glacial.

Mas será que os sistemas naturais tinham como "vocação", como única razão de ser, esperar durante milhões de anos até que nós, humanos, pudéssemos destruí-los? Destruí-los para dar lugar a nossas coisas? Derrubar e queimar florestas para fazer pasto e lavoura? Será que não tinham nenhuma função importante, indispensável no contexto planetário, algum valor intrínseco, independente dos desígnios humanos?

Se a resposta a essa questão for afirmativa, no sentido de que os sistemas naturais originais realmente só tinham a função de manter coberto o chão até que nós, humanos, o pudéssemos ocupar, então o assunto se encerra aqui. Estamos dispensados de fazer as seguintes perguntas:

Aqueles pequenos agrupamentos humanos que ainda vivem em situação de convívio sustentável com a Natureza, integrados no mundo natural, têm ou não direito a seu estilo de vida? Têm ou não, por conseguinte, direito a seu território? Temos ou não temos a obrigação moral de respeitá-los, de protegê-los da cobiça de nosso atual mundo de agressão total?

Se o planeta Terra é apenas uma bola de magma fluido, com núcleo incandescente e delgada casca de rocha, três quartas partes coberta de fina película de água e envolta em transparente véu de gases e nuvens, habitada por uma coleção de criaturas vivas, que gira sobre si mesma a cada 24 horas, e a cada 365 dias dá uma volta em torno a uma estrela, que é umas 400 mil vezes mais maciça e que se encontra a uns 150 milhões de quilômetros de distância, então a proposição que se segue também não terá sentido:

> *Imagem: uma pessoa consegue salvar-se de um incêndio, mas sai gravemente queimada. Até quantos por cento da superfície de sua pele podem estar totalmente destruídos por queimaduras de terceiro grau para que esta pessoa ainda tenha chance de salvação? Médicos especialistas no assunto nos dizem que é bem menos de trinta por cento. Se os ecossistemas terrestres e aquáticos da Terra constituem a sua "pele", a pele do planeta vivo, quantos por cento desta "pele" podemos aniquilar antes que a Terra morra?*

Nossa atual cultura industrial parece crer que podemos eliminar 100%, deixando apenas algumas amostras em "parques".

Vamos acrescentar uma quarta consideração e pergunta.

Esta joia viva que é o planeta Terra formou-se e evolui como parte deste sistema solar. A nossa estrela, o Sol, já tem uns 4,5 bilhões de anos, desde a sua formação. Ele é uma estrela média, muito comum, que se desenvolve de acordo com o diagrama Hertzsprung-Russel, o que lhe dá mais uns quatro bilhões de anos até que venha a transformar-se em "gigante vermelho", que nos envolverá em seus gases incandescentes, para depois, lentamente, extinguir-se como "anão branco". Isso quer dizer que o maravilhoso processo de desenvolvimento sustentável – sustentável não como palavra da moda, mas *realmente* sustentável –, a Evolução Orgânica do Planeta Terra, encontra-se ainda a menos de meio caminho de sua vida possível.

O começo foi há uns 3,5 a 4 bilhões de anos, com uma evolução meramente bioquímica nos oceanos primordiais. Deve ter levado meio a um bilhão de anos até que surgissem os primeiros organismos unicelulares, da complexidade de bactérias modernas. Só há uns seiscentos milhões de anos apareceram seres mais complexos, como esponjas, corais, estrelas-do-mar, caracóis e conchas, caranguejos e os ancestrais dos peixes, e vertebrados. Uns trezentos milhões de anos depois a Vida começou a conquistar a terra firme. As primeiras experiências de voo devem remontar a uns 180 milhões de anos para os vertebrados, e bem mais para os insetos. Os mamíferos iniciaram seu florescimento só uns 60 milhões de anos atrás, depois do fim dos grandes sáurios, que prosperaram durante mais de cem milhões de anos. Os primatas começaram a galhofar nas árvores uns 30 milhões de anos atrás, e nossa linha evolutiva começava a trilhar pradarias, florestas e montanhas há apenas uns 2 milhões de anos. É extasiante imaginar o que ainda está por vir, se esse caudal conseguir continuar fluindo desimpedido. O atual ponto de partida contém infinitamente mais potencialidades que aquela situação do Cambriano, nos 600 milhões de anos atrás. Então, a quarta questão é esta:

Temos o direito de tratar este fabuloso "negócio" como se fosse uma empresa em liquidação*, oferecida ao desmantelamento – que é o que estamos fazendo?

Toda pessoa pensante e com resquício de preocupação ética, mesmo com poucos conhecimentos de biologia e ecologia, sabe as respostas certas a essas perguntas. Mas nossa atual cultura industrial global as têm todas erradas. Ela quer consumir o Planeta. Só aceita limites na exploração quando esses servem para prolongar o uso. Na visão antropocêntrica predominante, tudo aí está para nosso proveito. Os demais seres e o mundo mineral não têm razão de ser própria. São apenas recursos, atuais ou potenciais. Quando estive no governo ouvi, em reunião de gabinete, autoridade da área de ciências e tecnologia – autoridade que antes já insistira ser a reserva dos ianomâmis "muita terra para muito pouca gente do Paleolítico" – argumentar que a preocupação com a biodiversidade, item importante da Conferência da Rio-92, precisava ser melhor definida. Na avaliação dessa autoridade, se uma planta contivesse substância de valor medicinal, uma vez isolado o agente ativo, uma vez sintetizado e patenteado, tornava-se desnecessária a sobrevivência da espécie em si...

A população em geral também pensa assim, especialmente em nosso país.

Faz dez anos, viajando ao longo de trecho remoto de uma estrada, vejo uma árvore em plena floração, uma espécie por mim desconhecida, do gênero *bombax*. Paro para ver de perto e fotografar. Peço ao caboclo que morava ao lado que me guarde sementes, quando

---

* Imagem criada por Hermann Daly. (N.A.)

estiverem maduras. Meses mais tarde, quando retorno, custo a achar o local. Enfim encontro a casa, mas da árvore, nem vestígio. Avisto o homem com quem falara antes, e o interrogo sobre a árvore. "Mas o senhor não queria a semente?" espanta-se ele. "Pois aqui está". Para colhê-la, ele derrubou a árvore!

A ética da cultura ocidental, de ambos os lados do precipício que ainda separa *Ciência e Tecnologia* de *Filosofia e Humanidades*, exclui completamente a Natureza, a Criação.* Acabo de ler um longo trabalho sobre as origens, o auge, o declínio e o colapso do comunismo. Em cento e quarenta páginas, aparece uma única, muito marginal e indireta referência à Natureza, uma citação em que Marx previa que em seu paraíso comunista o cidadão iria à caça de manhã, trabalharia à tarde, se quisesse e quando quisesse, para divertir-se, dançar e fazer música à noite. Neste trabalho, sempre que aparece a expressão "o mundo", ela se refere exclusivamente aos humanos, como se a sociedade existisse em um plano transcendental, fora da Natureza. Em 1971 fiz uma tradução, do alemão para o português, de um polpudo trabalho sobre os vales dos rios Sinos, Caí e Gravataí, no Rio Grande do Sul. Era um trabalho altamente técnico, com muitas tabelas, gráficos e diagramas, que propunha grandes obras como pôlders e barragens e outras coisas do gênero, as quais felizmente não se concretizaram. Em suas mil e quinhentas páginas, tratando de três rios, não encontrei uma única vez referência à fauna aquática. Nem aparece a palavra peixe. Da fauna terrestre, nem falar...

Quando, em reação à pressão ambientalista, aparece alguma preocupação preservacionista oficial, de parte da administração pública, ela é quase sempre simbólica. Quase sempre ela vai por esse caminho de "manter amostras" de espécies ou ecossistemas. Em acirrada discussão, no início dos anos 80 – estávamos brigando com o governo brasileiro e o Banco Mundial contra as devastações do Projeto Polonoroeste, em Rondônia –, nos foi apresentado um grande mapa da Amazônia. O mapa apresentava muitos pontos e manchas verdes. "Vejam quantas reservas biológicas, refúgios ecológicos, bancos genéticos, reservas indígenas. Para quê preocupar-se? A ecologia

---

* Albert Schweitzer, que contra isso se rebelava, dizia em um de seus sermões que gostaria de ver "animais passeando no céu", uma situação que realmente não se vê nas imagens da maioria de nossas igrejas. (N.A.)

está preservada" – argumentaram. Tivemos que contestar: "Mesmo que houvesse garantia de que essas áreas realmente venham a ser preservadas para sempre (e a prática dos parques naturais no Brasil sempre provou todo o contrário), não podemos aceitar. Se aceitamos estes pontos e manchas verdes, estaremos aceitando que tudo o que está em branco no mapa, mais de 90%, acabará sendo destruído. Isso é inaceitável. Isso sem falar da perda de diversidade biológica nas áreas brancas, no momento em que sobrar somente o que está dentro das áreas verdes, a catástrofe climática vai matá-la também".*

Ou conseguimos chegar a um estilo de vida que signifique integração e convívio com a floresta como um todo, desfrutando-a sem destruí-la – isso se aplica a todos os demais biomas –, e então não necessitaremos de parques e reservas, ou acabaremos com a floresta e com a Natureza, com todas as implicações catastróficas que isso terá – para nossa própria sobrevivência. O índio e as demais culturas sustentáveis do passado não conheciam o conceito de reserva, conviviam com toda a Natureza. Algumas culturas que não souberam conviver desapareceram por isso. Esse parece ter sido o caso dos Maias, por exemplo.

Chegar a esquemas de convívio sustentável não significa abdicar de estilo de vida civilizado, muito menos abdicar de ciência e de tecnologia. Rejeitamos a acusação de que pretendemos retornar ao passado, uma acusação que continuam nos lançando, demagógica e desonestamente, aqueles que não querem frear sua cobiça imediatista. Não se trata de voltar, mas de avançar. Avançar para uma visão holística, com atitudes sábias, que levem a práticas realmente sofisticadas, de integração, em contraste total com as práticas grosseiras e vandálicas que hoje predominam.

A maior parte das polêmicas, nos inúmeros e a cada dia mais numerosos encontros que discutem ecologia e problemática ambiental, gira em torno da procura de remédios para os males que já sofremos. Mas não se procura descobrir a origem desses males. Algo assim como experimentar sempre novas marcas de aspirina para uma dor de cabeça sempre mais insuportável, sem procurar as origens da

---

* Essa mesma situação repetiu-se em diferentes ocasiões, mudando apenas os interlocutores. O mesmíssimo diálogo ocorreria dez anos depois, em reuniões de que participei como secretário do Meio Ambiente da Presidência da República. (N.A.)

doença que causa essa dor. Ao contrário, sustentando e alimentando o comportamento que faz aparecer essa doença.

Não adianta mais procurar remédios e remendos.
Não adianta mais aspirar por soluções técnicas.
Temos que ir à causa do mal. A verdadeira causa do mal está em nossa maneira egoisticamente antropocêntrica de ver o mundo.
Dessa visão de mundo decorre nossa maneira de tratá-lo.

Descartes, um dos pais da ciência moderna, quando dizia que nós, humanos, tínhamos que ser "donos e mestres da Natureza", expressou de maneira lapidar a visão ainda hoje predominante.

A Terra simplesmente não é um imenso repositório de recursos só para nós.

Nos capítulos anteriores tocamos várias vezes a visão unitária que a ecologia hoje nos dá, e referimo-nos à Terra como Gaia. Convém agora explicitar o conceito Gaia.

Gaia é o nome poético que os antigos gregos davam à deusa Terra, isto é, à Terra mesma. A cultura clássica grega tinha uma visão bastante holística, que ela, poeticamente, expressava em sua mitologia, mitologia que se tornou parte integrante da cultura ocidental. Mas a cultura ocidental, pela sua visão bíblica antropocêntrica, não aceitou o sentido profundo dessa mitologia. Outras mitologias que conhecemos, de culturas indígenas sul e norte-americanas e de povos naturais (*Naturvölker*) em outros continentes, todos colocam nossa espécie, a espécie humana, dentro de um contexto maior, como parte da Natureza. Em uma visão sistêmica do mundo, a própria expressão "ambiente" ou a redundância "meio ambiente" não tem sentido, pois expressam separação. Expressam dicotomia onde existe unidade. Basta contemplar a complementaridade entre animal e planta na fotossíntese e respiração, abelha e flor na fecundação, bactérias e ciclo do nitrogênio, para dar-se conta de que a vida no planeta Terra é uma unidade funcional, onde tudo tem a ver com tudo. Fotossíntese e respiração, no contexto global, são tão indispensáveis um ao outro como pulmão e sistema circulatório no organismo animal. Uma função não tem sentido sem a outra.

Tomemos uma imagem simples, hoje cotidiana. De que me adiantaria um carburador, um distribuidor ou velocímetro, pneu, motor ou amortecedor, sem o automóvel em si? Este, por sua vez, não subsiste sem uma imensa infraestrutura de estradas, garagens, construtoras de estradas e pontes, fábricas de cimento e asfalto, fábricas de peças, de indústria química, siderurgias, montadoras, poços de petróleo, petroleiros, oleodutos e refinarias – em nosso país, plantações de cana e engenhos de álcool –, revendedoras, mecânicos, bancos, consórcios etc. etc. Alterando ou eliminando qualquer um desses fatores, se afeta o todo, em alguns casos mais, em outros menos. A eliminação de alguns, o combustível, digamos, ou a siderurgia, levaria ao colapso de todo o sistema. O sistema complexo, por sua vez, só tem sentido se houver o que transportar, pessoas e coisas. Se uma epidemia acabasse com a humanidade, toda essa imensa infraestrutura, que hoje envolve o Planeta, viraria sucata, ruínas, ferrugem. Talvez, se não lhes trancarmos as linhas evolutivas, arqueologia para futuras espécies inteligentes.

Assim como um organismo tem órgãos mais e outros menos vitais, embora todos importantes, os sistemas de suporte de vida de Gaia também podem ser mais ou menos vitais. Outra imagem: uma pessoa pode perder uma mão, não vai morrer por isso, pode perder os quatro membros, passar a viver em cadeira de rodas, ficar cega, surda, viver uma vida muito desagradável, totalmente dependente, como uma bananeira em estufa na Islândia, mas não pode perder seu coração, pulmão, fígado. As florestas tropicais úmidas e as algas nos oceanos são bem mais vitais para o clima planetário do que as florestas temperadas ou que a tundra. De fato, sabemos ainda muito pouco sobre a interação dos biomas e ecossistemas entre si e com o clima global. Mas sabemos que toda devastação degrada o sistema como um todo. Mesmo não morrendo, aquela triste figura mutilada passa a viver de maneira cada vez mais precária, com sempre maior sofrimento.

A floresta Amazônica é uma das últimas grandes manchas de "pele" de Gaia que ainda estão mais ou menos intactas. Assim mesmo, já está uns 10% queimada. As demais florestas tropicais úmidas, na África, Ásia, Indonésia, Filipinas, Nova Guiné e Austrália, e a floresta Atlântica no Brasil, já estão chegando ao seu fim. O cerrado, as savanas, caatingas, manguezais e outros grandes biomas tropicais já estão bem mais avariados, ou encontram-se próximos do fim. Do Cerrado brasileiro já estão destruídos mais de 40%, e a devastação progride acelerada. São muito raros ainda os defensores do Cerrado. Com sua imensa extensão no coração do continente sul-americano, o Cerrado tem efeito climático global tão importante quanto a Amazônia. **Onde estará o ponto de não retorno? Não sabemos, mas continuamos agindo como se não houvesse.**

Predominava na biologia, como já mencionamos, até muito recentemente, uma perspectiva que coloca a vida como quase um passageiro do Planeta. Ela apareceu no momento certo, entre 3,5 e 4 bilhões de anos atrás, foi evoluindo e adaptando-se à evolução geológica e climática. Por acaso, pela sua posição propícia em órbita certa com rotação certa no sistema solar, a Terra oferecia e continuou oferecendo até hoje um âmbito de condições ambientais – temperatura, salinidade, acidez, *redox* – adequadas a essa evolução. É claro que se sabia que, em um determinado período dessa evolução, uns 3 bilhões de anos faz, quando surgiu a fotossíntese, houve uma inversão química na atmosfera, de redutora para oxidante. Nossa atual atmosfera é, portanto, um produto da vida. E os grandes e pequenos ciclos biogeoquímicos (tais como o ciclo do oxigênio e do gás carbônico interligados, o ciclo bem mais complexo do nitrogênio, os ciclos do metano e dos compostos de enxofre, os ciclos mais locais dos nutrientes minerais essenciais ao crescimento das plantas e, portanto, da vida animal, como o fósforo, o cálcio, magnésio, manganês e todos os micronutrientes) são impulsionados pela vida. E esses ciclos impulsionados pela vida imprimem seu efeito na evolução geológica, no regime hídrico e na atmosfera. Ainda assim, até recentemente, a vida era vista pela biologia como essencialmente passiva no grande contexto.

Sabemos hoje, pelas considerações cosmológicas já mencionadas, que a nossa estrela, o Sol, em sua atual fase evolutiva, está entre 20 e 50% mais quente do que quando se iniciou a vida. Foi a vida que evitou que aqui acontecesse o que deve ter acontecido em Vênus, um efeito estufa descontrolado que evaporou os oceanos e levou a atmosfera a um equilíbrio quase estático, em temperatura ambiental acima de 400 graus.

Aqui na Terra, a vida desde o início interagiu com as condições ambientais, de tal maneira que as manteve constantes. A atmosfera reduzinte de origem eruptiva, na qual surgiu a vida, já fora alterada pela evolução bioquímica antes do aparecimento das primeiras células que merecem o qualificativo de vivas. O metano, o amoníaco e os gases de enxofre foram fixados em forma de substâncias orgânicas precursoras da vida: aminoácidos, nucleótidos, carboidratos, hidrocarbonetos. Sobrou uma atmosfera ainda muito rica em gás carbônico, com grande efeito estufa, correta para aquela época, mas o Sol continuava tornando-se mais quente. Dali para diante, a fotossíntese retirou gás carbônico do ar e, ajudada pela movimentação geológica, o depositou nas profundezas da terra, em forma de carvão vegetal, lignito, gás natural e, ainda hoje, em forma de turfa, precursora do carvão mineral. O petróleo talvez, em parte, seja oriundo ainda daquele período primordial em que os oceanos se enriqueceram com substâncias orgânicas. O mundo animal também contribuiu. Certos protozoários, moluscos, crustáceos e os corais depositaram gigantescas camadas de carbonato de cálcio e de magnésio no fundo dos oceanos. Pelos movimentos tectônicos (formação de montanhas) podemos hoje observá-los em algumas das mais altas montanhas. Quer dizer que aquilo que hoje, egoisticamente, chamamos de "combustíveis fósseis", tem função bem diferente da que lhes damos.

Algo semelhante acontece com os demais fatores ambientais essenciais à vida, em todos os seus níveis – global, regional, local; em biomas, ecossistemas, comunidades, populações, organismos, órgãos, tecidos e células, no mecanismo genético. Tudo faz parte de um organismo maior que engloba o Planeta. Em todos os níveis encontramos autorregulação. Lovelock e Margulis, com sua hipótese Gaia, propuseram a nova perspectiva: a Terra, em seu nível de organização global, deve ser vista como um só organismo. Em linguagem científica, podemos dizer: sistema integrado autorregulado, homeostático.

Esse conceito logo entusiasmou a grande maioria das pessoas com preocupação ambiental. Fascinou ainda mais os que têm inclinação mística, entre eles o movimento *New Age*, que passou a venerar a Terra como um ser vivo. Isso tem incomodado muito cientista sério, focado na precisão e na disciplina científica, avesso a emoções e, mais ainda, avesso à interpretação teleológica. O entusiasmo de ambientalistas e místicos durante algum tempo impediu uma aceitação mais generalizada do conceito Gaia. Mas hoje a perspectiva da hipótese Gaia já norteia questionamentos que antes não se faziam, quanto ao equilíbrio químico e térmico da atmosfera – e nos faz muito séria advertência quanto às consequências de nosso atual comportamento predador despreocupado.

Uma vez aceita essa nova visão, temos que realmente questionar o que estamos fazendo.

Não se maltrata um organismo indefinidamente.

Por mais maus-tratos e abusos que um organismo possa suportar, há um limite.

Por que, afinal, maltratar, se temos a opção de evoluir?

Texto finalizado em 22 de maio de 1992.

Conclusão

Temos ou não futuro?

Gosto de imaginar que, após a minha morte, de vez em quando eu possa voltar, como observador apenas, aos lugares onde vivi. A primeira vez seria por volta do ano 2050. Depois, cem anos mais tarde, duzentos, quinhentos. Mais adiante cada mil, dois mil, dez mil, cinquenta mil, cem mil, meio milhão, um milhão. Enfim, a cada cinquenta ou cem milhões de anos, até o fim da evolução de nosso sistema solar, daqui a uns 5 bilhões de anos, com certa flexibilidade nos períodos, para poder observar os momentos de grande crise na história da vida, como a que estamos presenciando agora. Isso porque, desde muito jovem, como naturalista que sempre fui, a escala de tempo em que gosto de raciocinar é a escala de tempo que rege o processo criativo de nosso planeta – a grandiosa sinfonia da evolução orgânica.

Mas então, por que não começar com a primeira visita daqui a um milhão ou vários milhões de anos? Acontece que, apesar de naturalista, ou exatamente por isso, nunca perdi a fé em nossa espécie. Ela também é fruto deste maravilhoso processo, que não pode ser suicida. Somos ainda muito novos, temos apenas uns dois milhões de anos, e não temos as limitações que tinham os grandes sáurios. Podemos aprender. Depois que eles se foram, há uns oitenta milhões de anos, apareceu na orquestra um novo instrumento, a coisa mais sofisticada, mais poderosa que a vida já produziu – o cérebro humano. Suas potencialidades são praticamente ilimitadas. Ele poderia representar um enriquecimento incomensurável, mas hoje, por ter perdido seu devido tom, ameaça desintegrar a sinfonia. Mas é por acreditar nas possibilidades positivas desse instrumento que eu gostaria de começar em escala de tempo humana, que é a de dezenas, centenas e milhares de anos. Se conseguirmos sobreviver mais mil milênios, um milhão de anos, já seremos outra espécie.

Até o ano 2050, ou seja, durante a vida de crianças e jovens de hoje, terão acontecido inversões fundamentais e irreversíveis nas tendências atuais. Ninguém é e ninguém pode ser profeta, mas uma coisa é certa: o estilo de vida consumista, esta última excrescência da religião fanática que é a cultura industrialista global, não pode ser extrapolado por mais meio século. Até lá, ou aprendemos a nos enquadrar nas leis da vida, ou ela nos punirá severamente.

Uns 20% da humanidade, a maioria nos países do chamado primeiro mundo e uma minoria nos demais, depende de uma movimentação cada vez mais acelerada de recursos finitos e pratica rapina cada vez mais brutal nos sistemas renováveis, a ponto de torná-los finitos também. As florestas tropicais úmidas na Ásia Sudoriental, nas Filipinas, Indonésia, Nova Guiné, Austrália, na África, estão chegando ao fim. Nas florestas temperadas úmidas da costa norte do Pacífico, na América do Norte, avança rápido o corte raso sobre os últimos 5% de mata prístina. Na costa sul do Chile e na Terra do Fogo, inicia-se agora processo semelhante, porém mais vandálico ainda. As florestas boreais na Sibéria e no Alasca também já estão sendo atacadas ferozmente. Todos os demais grandes sistemas naturais, Cerrado, Savana, Agreste, Mata Atlântica, Restinga, Pampa, Pradaria, Estepe, Caatinga, todas as florestas subtropicais, os banhados e pantanais, quando já não estão seriamente devastados, encontram-se agora sob séria ameaça. Demolimos montanhas, barramos rios, inundamos imensos vales, afogando florestas virgens ou preciosos solos agrícolas. A pesca insaciável, com equipamentos eletrônicos cada vez mais eficientes, que não deixam escapar um peixe sequer em um enorme cardume, está depauperando os oceanos. A poluição contamina terra, mar e ar. Já somos mais de 5,7 bilhões, e a cada ano se acrescentam mais de cem milhões. Mas, a cada ano também, milhões de hectares de terras, antes férteis, são degradados pelos métodos imediatistas da agricultura moderna ou pela primitiva agricultura de rapina – erosão, perda de húmus, contaminação química, destruição da microvida; desertificação acelerada, esgotamento dos aquíferos fósseis que não têm reposição.

Socialmente, o desastre não é menor. Todas as estruturas sociais que cresceram e se organizaram historicamente, que eram estáveis, que davam às pessoas identidade, segurança e sentimento de aconchego, de significado e calor humano, quer se trate de culturas camponesas, de artesãos em estrutura familiar, pescadores artesanais, ou dos últimos habitantes das últimas selvas, isto é, dos povos aborígines e indígenas, de seringueiros e caboclos, quilombos, ou dos últimos nômades no Kalahari ou no Ártico, todos estão sendo desmoralizados, alienados, marginalizados. Dos quase seis bilhões que somos, uns três bilhões ainda vivem em ambiente rural, com estruturas sociais mais ou menos estáveis. Se mais um bilhão tiver que juntar-se às massas de deserdados que já incham todas as pequenas, médias e grandes cidades no terceiro mundo e nas gigantescas conurbações já quase incontroláveis, se isso acontecer, e é quase inevitável que aconteça, ninguém mais poderá prever e conter as convulsões, migrações, conflitos e guerras que virão.

Nas classes abastadas da cultura industrial, as pessoas estão eticamente cada vez mais desorientadas. Cresce a insegurança, a criminalidade, o desespero e a alienação, aumenta a corrupção e a incapacidade dos governos em arcar com os problemas. Não obstante a clara visibilidade das graves consequências das políticas econômicas atuais, a doutrina predominante, imposta pelas transnacionais e cegamente obedecida pela grande maioria dos governos, pretende estender industrialismo e consumismo desenfreados até o mais remoto rincão do planeta.

Se não houver mudança de rumo, de enfoques, de cosmovisão, o colapso está programado. Teremos muita sorte se vier uma sucessão de colapsos parciais, menores. Um colapso de grandes proporções poderia significar o fim da civilização. Colapsos menores permitirão ainda a tomada de novas decisões fundamentais.

Vejamos os possíveis colapsos.

FINANÇAS

Somas fabulosas, da ordem de trilhões de dólares por dia, circulam com a velocidade da luz, saltando de mercado a mercado em volta do globo. Um dinheiro ultraespeculativo, que já praticamente não tem mais ligação com fatores concretos. Em grande parte trata-se dos chamados "derivativos", que são apostas sobre apostas sobre apostas, uma especulação abstrata e absurda. Os governos não têm o mínimo controle. A lógica é comandada pelos algoritmos nos computadores. Os próprios operadores podem, a qualquer momento, perder o controle. Entre eles predominam indivíduos ambiciosos, inescrupulosos. Quando vier o colapso, estará desencadeada uma crise econômica mais grave e, certamente, mais duradoura do que a de 1929. Bilhões de pessoas perderão suas economias ou seu poder aquisitivo.

ENERGIA

Quanto mais tempo for mantido artificialmente baixo o preço do petróleo, mais violenta será a próxima crise, quando o petróleo começar a escassear de verdade. O mundo não está se preparando para essa crise. A pesquisa, o desenvolvimento e a aplicação das alternativas solares, indefinidamente sustentáveis, avançam a passo de lesma, enquanto aumenta célere o consumo de petróleo. No Brasil, continuamos apostando na rodovia para a quase totalidade de nosso transporte. Na indústria, as tecnologias continuam esbanjando energia. Uma só lata de alumínio para cerveja ou refrigerantes, em sua fabricação, consome 1.400 Watt/hora, a quantidade de energia elétrica que uma lâmpada de 100 Watt consome em 14 horas.

AGRICULTURA

Os métodos da agricultura moderna vivem às custas da produtividade futura, seus insumos são todos recursos não renováveis, e os renováveis estão sendo consumidos em vez de desfrutados. A produção de carne e ovos em esquema de confinamento, com alimentação subtraída do consumo humano, contribui para o problema da fome. Galinhas, porcos e até gado são hoje alimentados com grãos cultivados especialmente para esse fim, ou com tapioca ou torta de palma importados da Ásia e África. No Rio Grande do Sul, destruímos toda a floresta subtropical úmida do vale do Uruguai para exportar soja para alimentar vacas e porcos na Europa. Se somente os chineses partirem para o tipo de produção de carne que predomina no primeiro mundo, teremos logo uma tremenda crise no abastecimento e preço dos cereais.

EPIDEMIAS

Até recentemente, pensávamos que já existia um controle total das enfermidades infecciosas, que sobrariam somente as degenerativas. Mas, com estas, está havendo agora nova proliferação das doenças infecciosas, e nunca estivemos tão suscetíveis a elas como hoje. Os agentes patógenos viajam livremente com milhões de pessoas em aviões, atravessando continentes e oceanos. Por outro lado, estamos todos, ricos e pobres, mal alimentados. Uns comem demais e comem alimento desnaturado, mal-equilibrado, contaminado com resíduos de agrotóxicos e com aditivos; outros comem de menos ou morrem de fome. Isso tudo, mais a contaminação geral do ambiente e a falta de paz de espírito – quem não sofre hoje de estresse, frustração, desespero? –, afeta o sistema imunológico. As epidemias vão voltar. Talvez não da maneira como eram as grandes epidemias no passado, que matavam milhões de pessoas de vez, mas na forma de uma degradação crescente da saúde pública. Por outro lado, o custo da medicina, com seus enfoques tecnológicos, já está se tornando tão caro que os sistemas de seguro de saúde se aproximam todos da insolvência.

CLIMA

A moderna sociedade industrial está interferindo em todos os mecanismos de controle do clima: gás carbônico, camada de ozônio, aerossóis, poeiras e fumaças, albedo, florestas e demais biomas. Apesar das solenes promessas na Eco-92 no Rio de Janeiro, os governos não estão partindo para ação séria, concreta. A China, com sua população de 1,2 bilhões de pessoas, pretende ainda instalar uma fantástica capacidade de fornalhas para geração de energia elétrica. Os capitães da indústria automobilística agem como se acreditassem que seria possível dar à humanidade inteira a densidade de carros particulares que existe nos Estados Unidos (dois ou mais por família).

Convulsões Sociais

Como vimos, as crescentes complicações e calamidades desencadearão conflitos, levantes, migrações em massa e guerras que, por sua vez, só poderão aumentar a devastação. Possíveis desequilíbrios climáticos poderão ter como consequência que não mais tenhamos colheitas seguras, o que agravará ainda mais as convulsões.

Possivelmente teremos também alguns ou muitos colapsos ainda imprevisíveis, maiores ou menores.

Até aqui, a ênfase está na situação global.

Vejamos a situação do Brasil.

Diante desse quadro, se não houver catástrofe climática planetária, o Brasil é, ainda, um espaço privilegiado. Sobra muito para preservar e recuperar, temos ainda mais tempo que os demais para aprender. Se, acima, ao mencionar as florestas tropicais úmidas, não mencionamos a Amazônia, foi para mencioná-la aqui, em contexto esperançoso. Com toda a devastação que já houve, sobram ainda mais de 80%. No coração da grande floresta, a maior do Planeta, no estado do Amazonas, são mais de 95%. Assim como os oceanos, a atmosfera, os rios e lagos, a Amazônia está entre os grandes sistemas essenciais para a biogeofisiologia do nosso planeta. O argumento de que "os outros derrubaram, deixem-nos fazer o mesmo" não procede. No organismo de Gaia, especialmente depois da devastação já quase total das demais florestas tropicais úmidas, a Amazônia é imprescindível. Portanto, que *slogan* absurdo é "ocupar para não entregar"! Acaso não temos a Amazônia mais do que ocupada? Ou queremos vê-la na situação de Bangladesh, que já foi floresta tropical úmida?

Esse tipo de visão terá que mudar. Hoje, preservar Natureza intocada deve ser visto como altamente produtivo em termos de sobrevivência da Nação e de nossa espécie. Se ainda não nos encontramos em situação de pressão demográfica como a da China ou da Índia, ou de falta de espaço como na Holanda, longe de constituir-se em sinal de subdesenvolvimento e atraso, a nossa é uma situação altamente vantajosa e desejável. Com 8,5 milhões de quilômetros quadrados, temos cem vezes mais território do que a Áustria, que tem 84 mil, sendo a metade montanhas cobertas de gelo. Temos recursos de toda sorte, minerais, solos agrícolas, enormes florestas, cerrados, restingas, praias intactas, espaço, muito espaço.

Sim, somos muito, muito ricos. Vamos aprender a desfrutar – não consumir – de maneira eficiente e sustentável o que já está desbravado. Não precisamos destruir um hectare mais de selva intacta. Só na Amazônia, temos mais de 400 mil quilômetros quadrados de terra desflorestada, quase toda mal-aproveitada, degradada ou mesmo abandonada. Em parte, essa superfície está se recuperando naturalmente, em parte continuamos a degradá-la ainda mais. No resto do país, a soma de áreas desse tipo é ainda maior, somam muitas dezenas de milhões de hectares. Aí, sim, nos espera muito trabalho, trabalho significativo, entusiasmante para jovens e velhos idealistas.

Precisamos repensar progresso, desenvolvimento. A atual medida de progresso, o PNB ou PIB, em termos de real progresso, não mede absolutamente nada. Ele só mede fluxo de dinheiro, sem nada dizer sobre o que esse fluxo causa de bom ou de mau. Nada nos diz sobre a real, a concreta riqueza nacional. Absolutamente nada nos diz sobre justiça social. O primeiro passo essencial para um progresso real é o de obrigar nossos administradores públicos a nos apresentarem balanços reais, do tipo que faz o administrador de empresa para seus acionistas. Balanços em que se somam, de um lado, todas as entradas, sim, mas do outro se descontam todas as saídas, perdas, depreciações. Nesse tipo de balanço, o estoque de riqueza nacional – da real, da concreta, objetiva riqueza nacional – não terá que ser necessariamente contabilizado em termos monetários, mas em termos de hectares de solos agrícolas férteis ou degradados, passíveis de recuperação ou não (a que custo?), de quilômetros quadrados de florestas intactas ou devastadas. Terão que aparecer as toneladas de minérios ainda existentes, os barris de petróleo ainda disponíveis. Terão que entrar também critérios qualitativos, como exploração irrecuperável ou reciclabilidade; fatores subjetivos, como beleza de paisagem, pureza das águas e do ar, contentamento, saúde, expectativa de vida, segurança, emprego, qualidade. Se esse tipo de balanço fosse feito na situação atual, todos verificariam que a cada dia estamos empobrecendo, e não enriquecendo e progredindo. Uma real democracia só será possível com esse tipo de conta.

Precisamos repensar também a tecnologia. Poucos, especialmente entre os políticos, se dão conta de que predominam hoje aquelas tecnologias que concentram poder nas grandes infraestruturas tecnoburocrático-legislativas, e não as tecnologias concebidas simplesmente para atender reais necessidades humanas, da maneira mais simples, mais barata, mais acessível, ecologicamente mais compatível e socialmente mais desejável. Daí que teremos que repensar energia, transporte, agricultura, moradia, processos de produção e comportamento de consumo e, antes de mais nada, o sistema de educação – da família ao jardim de infância, primário, secundário, universitário e pós-graduação.

Hoje todo esse sistema está a serviço dos poderes estabelecidos. Os meios de comunicação, especialmente a televisão, estão fazendo o que previa Aldous Huxley em seu livro *Admirável mundo novo* (*Brave New World*), em que os poderosos dominam pela desinformação, boçalização e incitamento a um estilo de vida hedonístico-orgiástico. Mas a tevê, a internet e todo este fantástico aparato de comunicação global instantânea poderiam também ser usados para uma educação real, para uma reformulação de nossa cosmovisão e comportamento.

Um instrumento fantástico de mudança, bem mais fácil de implementar imediatamente do que reformular todo o sistema de educação e comunicação, seria a instituição de um imposto único, cobrado na fonte, apenas sobre a energia e o uso de matérias-primas. Ele promoveria logo tecnologias bem mais inteligentes, como uma economia solar, eólica e hidráulica – tudo em esquema totalmente descentralizado. Para nós, no Brasil, esse potencial é tão extraordinário que não precisamos pensar em tecnologias mais complicadas e caras, como marés e vagas. Tal imposto promoveria também o uso racional, frugal e reciclado de matérias-primas finitas, simplificaria radicalmente a administração pública, promoveria emprego, e não capital. Seria, portanto, socialmente bem mais justo que o atual sistema. Ele promoveria um comportamento mais sábio do que aquele que predomina hoje.

Esses primeiros passos levariam automaticamente ao início de uma nova consciência e a uma reorientação de nossa cultura.

Quero dedicar os anos que me restam a esse trabalho fundamental.

Como eu gostaria de ver o Brasil, este precioso pedaço de Gaia em que tive a sorte de nascer, transformar-se no berço do renascimento cultural de nossa espécie e da recuperação do grande processo criativo.

Como então seriam exaltantes as observações em minhas imaginárias visitas futuras!

A versão original deste texto foi escrito por Lutzenberger para o Livro da Profecia Brasil XXI e Mais, *publicado pelo Senado brasileiro em 1996.*

Posfácio

No início e no centro das contas

Washington Novaes*

Reviver o pensamento fértil, brilhante, premonitório, de alguém como José Lutzenberger, traz, de imediato, duas sensações básicas: nostalgia, ante a falta que sua inteligência faz; e cansaço, ante a constatação de que não foram suficientes suas numerosas advertências de que era preciso mudar os rumos.

Lutzenberger partiu não apenas dos conhecimentos acadêmicos que acumulara, mas também da vivência prática durante mais de uma década como diretor, no Brasil e em outras partes, de uma empresa de agroquímicos. Esse trabalho lhe proporcionou as evidências dos graves problemas na área do solo no mundo. E a convicção da necessidade de mudar o comportamento humano, adequá-lo às possibilidades concretas do planeta. A Fundação Gaia é a sua primeira tentativa prática de influenciar os rumos da mudança.

Pagou um preço alto. Embora com méritos reconhecidos em vários países, solicitado para conferências e trabalhos práticos, não escapou, aqui, da designação injuriosa: foi como "arauto do apocalipse" que uma grande revista brasileira o apontou ao noticiar sua escolha como secretário nacional do Meio Ambiente em 1990, pelo então presidente Collor. Segundo a publicação, "agora, no governo, ele continua sua pregação catastrofista pelo mundo". Porque já chamava a atenção para o dramático estado dos oceanos, para o "efeito estufa" e as mudanças climáticas, para a desertificação e a esterilização de terras. Advertia que entre 2020 e 2030 "a humanidade estará espremida nas ruas pelo tráfego de 3 bilhões ou mais de veículos". E muito mais.

---

* Washington Novaes é jornalista, assina uma coluna em *O Estado de S.Paulo* e é consultor de jornalismo da TV Cultura.

Não errou em nada. Passadas menos de duas décadas, está aí o *Relatório Planeta Vivo*, do WWF (2006), a mostrar que já estamos consumindo mais de 25% em recursos e serviços naturais além do que a biosfera terrestre pode repor – com a desertificação e a esterilização de terras avançando, a "crise da água" agravando-se (mais de um bilhão de pessoas no mundo já sofrendo as consequências), mais de 100 milhões de hectares de florestas tropicais abatidas a cada ano, os estoques pesqueiros no mundo sobre-explorados ou caminhando para a extinção. Estão aí os relatórios do Painel Intergovernamental de Mudanças Climáticas dizendo que, a prosseguir o atual ritmo de emissões de poluentes na atmosfera, a temperatura no planeta subirá entre 1,4 e 5,8 graus até o fim do século, o nível dos oceanos se elevará até 59 centímetros – e para evitar que a temperatura suba além de dois graus, será preciso reduzir as emissões em pelo menos 50% até meados do século (mas elas continuam aumentando). Está aí o Relatório Stern, coordenado pelo ex-economista chefe do Banco Mundial, advertindo que temos poucos anos para reduzir as emissões, sob pena de enfrentarmos, com as mudanças climáticas, a pior recessão econômica da História. Estão aí os desastres climáticos aumentando de ano para ano, com centenas de milhares de mortos, milhões de vítimas, centenas de bilhões de dólares em prejuízos. Mas a predominância das lógicas financeiras no mundo continua a ditar os rumos – apesar das periódicas crises financeiras, que abalam de quando em quando os alicerces econômico-financeiros.

Lutzenberger tinha perfeita consciência das muralhas à sua frente. E do que seria preciso para derrubá-las: "É preciso uma evolução moral para mudar o modelo econômico", dizia ele. "Minha visão da ecologia é filosófica". E perguntava: "Será que o uso intensivo da tecnologia traz felicidade?". A seu ver, "só uma visão sistêmica, unitária, sinfônica, poderá nos aproximar de uma compreensão do que é o nosso maravilhoso planeta" – para ele, "um ser vivo".

Já ao assumir a Secretaria Nacional do Meio Ambiente, defendia ele teses que continuam no centro da pauta, como a troca de títulos da dívida externa do Brasil por investimentos externos na preservação da Amazônia. Criticava os projetos de ligar a qualquer custo o Brasil à costa do Pacífico (também na pauta ainda hoje), sacrificando a floresta. Ele não tinha nenhuma dúvida: seria preciso acabar com os subsídios a bancos, indústrias e grandes proprietários de terras, utilizados para derrubar a floresta e implantar gigantescos projetos agropecuários. "As grandes fazendas de gado que estão sediadas na Amazônia não merecem o nome de desenvolvimento", enfatizava, como se estivesse vivendo os problemas de quase duas décadas depois.

Levantava a voz contra o estímulo disfarçado aos garimpos, que levara, por exemplo, à anulação da demarcação contínua da área ianomâmi, a uma nova demarcação em "ilhas" (não parece Roraima em 2008?) só ao redor das aldeias e a abertura da área a dezenas de milhares de garimpeiros – que teriam de ser retirados à força depois, porque o presidente da República temia as repercussões disso durante a Rio-92.

Lutzenberger pedia que se repensasse o Pro-Álcool, porque os produtores, "esquecidos" de que 90% do mercado de novos automóveis no Brasil era para veículos a álcool, deixaram de fornecer o combustível, para aumentar a exportação de açúcar, então em um momento muito favorável, obrigando os proprietários de carros a madrugar nos raros postos que recebiam álcool (com isso, o mercado de automóveis a álcool caiu praticamente para zero nos anos que se seguiram).

Provavelmente José Lutzenberger foi a primeira pessoa a questionar no país a fabricação de embalagens de alumínio para bebidas, colocando sobre a mesa a questão do balanço energético, até hoje desprezada. Acontece que, para fornecer energia ao chamado setor eletrointensivo (principalmente alumínio e ferro-gusa), que consome cerca de 30% da energia total no país, o governo federal investia bilhões de reais na implantação da usina de Tucuruí, inundava mais de 2.700 quilômetros quadrados de floresta sem sequer retirar a madeira (depois serrada e trazida à tona por mergulhadores!), disseminava a malária, expulsava de suas casas dezenas de milhares de pessoas. E ainda fornecia energia a menos de metade do preço real, para fabricar itens que os países industrializados que os importavam não queriam produzir, exatamente por causa do custo da energia (mais de 50% do total, no caso do alumínio) e dos custos sociais e ambientais (que não compensariam). Ao fim de vinte anos do primeiro contrato, alguns bilhões de dólares de prejuízos da Eletrobras em Tucuruí já haviam sido repassados para as contas de energia de toda a sociedade brasileira. E o contrato ainda foi renovado, com um subsídio pouquinho menor.

Lutzenberger antecipava isso tudo: "Estamos demolindo montanhas para fazer embalagens. Liberdade econômica não significa necessariamente devastação". Cada um de seus livros – *Fim do futuro* (Editora Movimento, 1980); *Manual de ecologia: do jardim ao poder* (L&PM Editores, 1985); *Gaia* (com outros autores, Editora Mercado Aberto, 1986); *Gaia: o Planeta Vivo* (L&PM Editores, 1990) – trouxe lições valiosas e ainda atuais sobre muitas áreas, como saneamento, preservação de mananciais e áreas de proteção, agricultura orgânica, política de resíduos, problemas do agronegócio. Mas também sobre o poder: "O que toda burocracia persegue é sua própria sobrevivência e ampliação. A liberdade só aumenta à medida que aumenta a autossuficiência, a autonomia local, a autogestão e se descentralizam todas as formas do poder de decisão". Já estava ele, assim, no centro da questão da ingovernabilidade progressiva das nossas grandes cidades e da recusa do poder em descentralizar as decisões e chamar a sociedade a decidir os orçamentos, acompanhar a execução, fiscalizar o bom uso dos recursos.

Em *Gaia – o Planeta Vivo*, pedia um retorno à emoção nas grandes questões: "Hoje, nós, humanos, somos uma força que vai contra a criação. Temos que voltar a emocionar-nos com ela". Porque o "modelo insustentável" que fomos criando, o consumo sem limites que "favorece a miséria", o excesso de tecnologias a comandar tudo, levam-nos a becos sem saída. Então, "é preciso repensar a ideologia do desenvolvimento".

Nada mais atual para o Brasil neste momento, em que o crescimento econômico a qualquer custo nos leva a sacrificar o que temos de mais precioso. Se o mundo está consumindo mais do que a biosfera planetária pode repor, então recursos e serviços naturais – o fator escasso na Terra – são o bem mais precioso. Por isso, precisariam estar no centro e no início de nossa estratégia maior.

Temos um território continental, sol o ano todo (favorecendo o plantio), de 12 a 13% de toda a água que corre pela superfície do planeta, de 15 a 20% da biodiversidade planetária (da qual virão novos medicamentos, novos alimentos, novos materiais para substituir os que se esgotarem), matriz energética renovável e relativamente limpa (com energia hidrelétrica, solar, eólica, de marés, de biocombustíveis).

Somos, de certa forma, o sonho do planeta, temos tudo de que ele precisa. Mas optamos por um modelo descuidado, predatório mesmo. Imediatista, que favorece muito mais os interesses daqueles para quem exportamos do que os nossos próprios interesses. E como não temos controle dos preços nem do que vendemos para o exterior (controlados fora do país por grandes corporações, que atendem a seus interesses próprios), nem do que importamos (preços também ditados fora daqui, atendendo aos interesses dos exportadores, que a eles agregam todos os fatores que os beneficiam – alto custo de sua mão de obra, ciência, tecnologias, *royalties* etc.), passamos décadas sem sair do lugar. Há produtos que exportamos hoje por valores inferiores (a preços corrigidos) aos que vigiam na depressão da década de 30. E por isso temos de exportar cada vez mais, sem sair do lugar: em 1964, o Brasil tinha 1% do valor do comércio exterior; hoje tem 1,17%.

Neste momento de crise planetária com o esboroamento dos arcabouços financeiros, vale a pena voltar ao pensamento do velho Lutz, sobre a crise da sociedade de consumo, alimentado pelo descolamento da realidade. Bancos financiam consumo emprestando muitas vezes o valor do seu capital. Safras de *commodities* são negociadas por dezenas de vezes seu valor real, com os papéis passando de mão em mão, sem lastro concreto – e assim é em quase tudo. Até quando se rompe um dos elos da cadeia – neste caso mais recente, o mercado de hipotecas nos Estados Unidos – e tudo vai desabando em sequência. "Os recursos são finitos", dizia Lutzenberger (*Fim do futuro*). Temos de encontrar novos caminhos: "Estamos em um divisor de eras". E explicava: "Sempre nos acusaram e continuarão nos acusando de radicais, quando não de apocalípticos. Apenas somos realistas. A realidade é grave".

Quem se espanta hoje com a abstrusa decisão do Brasil de retomar a expansão da energia nuclear (60 novas usinas anunciadas!) deveria ler o que Lutzenberger já dizia nesse livro e que permanece atualíssimo: "a energia nuclear é muito mais cara, perigosa e sem solução para o dramático problema do lixo nuclear – que ainda não tem destino seguro em nenhum lugar do mundo".

Já não há dúvida de que, para superar todo o quadro aflitivo que se vive hoje no mundo, será necessária também uma profunda transformação na comunicação – hoje muito presa ao chamado "modelo hollywoodiano", que quase só dá atenção à chamada problemática ambiental nos momentos de grandes crises ou desastres, fortes emoções, capazes de aumentar os índices de audiência ou leitura. Passados os momentos dramáticos, tudo volta à rotina. Como fazer? Uma "circular aos meios de comunicação" que Lutzenberger assinou em junho de 1990, já secretário nacional do Meio Ambiente, mostra bem quem ele era e o que pensava. Interpretando as dificuldades no relacionamento com os meios de comunicação, falava ele de sua independência pela vida afora, desde que deixara a empresa de agroquímicos; de sua autonomia; da vantagem de não precisar "curvar-se a ninguém". Mas tudo isso também tornava difícil fazer chegar à sociedade seu pensamento a respeito da complexidade do real, da necessidade de transformações profundas, para respeitar "o Grande Processo Evolutivo da Vida, em visão unitária, sistêmica, global". Porque "a quase totalidade das pessoas – e os jornalistas não são exceção – são analfabetas em ciência". E com isso a visão transmitida à sociedade não era adequada. Mudou?

Lutzenberger era das poucas pessoas que, no seu tempo, davam importância a culturas indígenas. Não por acaso. Sua visão a respeito de uma sociedade informada, descentralizada, capaz de assumir em suas mãos o destino da comunidade, certamente identificava naquelas culturas – enquanto na força dos seus modos tradicionais de viver – muito do que o antropólogo Pierre Clastres chamou de "democracias do consenso". Porque nessas sociedades, enquanto vivem no seu modo tradicional, não há delegação de poder: o chefe é o que mais conhece a cultura, as tradições daquele povo; é o grande mediador de conflitos; mas não dá ordens a ninguém. Um índio, na força de sua cultura, é autossuficiente, sabe fazer tudo de que precisa (sua casa, plantar e colher, fabricar seus instrumentos de trabalho, caçar e pescar, identificar na natureza as espécies úteis), não depende de ninguém para nada. E a informação é aberta, o que um sabe, todos podem saber – ninguém se apropria da informação para transformá-la em poder econômico ou político. Então, não é um luxo nascer e morrer sem nunca receber uma ordem, sem nunca depender de ninguém, em uma sociedade onde o limite da liberdade de um indivíduo é a liberdade do outro? Uma sociedade que ainda respeita o entorno, não sobrecarrega o meio ambiente, subdivide a aldeia sempre que isso se torna necessário para não devastá-lo? Uma sociedade onde homem não manda em mulher, nem lhe dá ordens? Lutz sabia, defendeu as culturas indígenas o quanto pôde, foi decisivo para a retirada dos garimpeiros da área ianomâmi.

Uma visão libertária, com certeza. E que acabou levando à sua saída da Secretaria. Três dias depois, ele mesmo me contou como foi. Recebera convites para conferências na Alemanha e nos Estados Unidos, que seriam importantes para a Rio-92. Foi. Nos Estados Unidos, perguntaram-lhe se a decisão que tomara – de suspender a emissão de guias para transporte de madeira na Amazônia, para impedir seu uso mais de uma vez e a legalização de madeira cortada ilegalmente – não poderia provocar muitos problemas políticos na área, se isso não levaria organismos internacionais a suspender, por precaução, a liberação de recursos para o bioma. Respondeu que não seria problema, até serviria para "diminuir a corrupção no Ibama". Os funcionários desse órgão indignaram-se quando foram distribuídas em Brasília cópias do vídeo gravado às ocultas nos Estados Unidos com essa fala. Passaram a exigir a demissão de Lutzenberger e conseguiram até a adesão de seu secretário-adjunto. Em uma sexta-feira, no fim do dia, o secretário particular do presidente da República foi dizer-lhe que a situação estava insustentável, com essa e outras pressões. Sugeriu uma saída: Lutz deixaria a Secretaria e passaria a ser assessor especial do presidente; o secretário-adjunto assumiria seu lugar. Concordou, lembrando até que não era um executivo, era um homem de pensamento, sentir-se-ia melhor na nova função. E o secretário saiu dali com a solução. Três horas depois, telefonou para dizer que não dera certo: o então chefe da Casa Civil da Presidência, tradicionalmente ligado ao setor madeireiro, não aceitava; se Lutz não se demitisse, ele é que se demitiria. Lutz saiu.

Lutz contava isso três dias depois, sem ressentimento, ao mesmo tempo em que me entregava dois capítulos já escritos – "Crítica da razão econômica" e "Crítica da razão tecnológica" – do livro que estava preparando. Atualíssimos até hoje. Eram capítulos em que ele mostrava a necessidade de fazer as contas em todas as ações do ser humano – dos recursos consumidos, da energia gasta, dos impactos sobre o meio físico. Para verificar se valia a pena fazer aquilo, quais os seus danos concretos, se havia como reduzi-los, ou se era melhor buscar alternativas; caso se decidisse fazer, apesar do impacto, saber quem arcaria com os custos, sem transferi-los injustamente para a sociedade, em vez de fazer seus beneficiários reais arcar com eles.

É uma lição mais importante do que nunca. Na crise do padrão civilizatório em que nos encontramos, é preciso reavaliar tudo.

José Lutzenberger pode ser o nosso grande mestre.

2009